JN039137

働く女性の ヘルスケア ガイド

おさえておきたい スキルとプラクティス

荒木葉子・市川佳居 編著

Ψ
金剛出版

はじめに

　近年，SDGs（Sustainable Development Goals：持続可能な開発目標）という言葉をよく目にするようになりました。SDGsは，誰一人取り残さない持続可能な社会の実現を目指す世界共通の目標で，2015年の国連サミットで取り上げられ，2030年を達成年限としています。17の目標の中には「目標3．あらゆる年齢のすべての人々の健康的な生活を確保し，福祉を促進する」，「目標5．ジェンダー平等を達成し，すべての女性及び女児のエンパワーメントを行う」，「目標8．人間らしい雇用（ディーセント・ワーク）を促進すること」などが掲げられました。目標3の健康については，性と生殖に関する保健サービスをすべての人々が利用できるようにする，との文言も入っています。持続可能な社会をつくるためには，セクシュアル・リプロダクティブ・ヘルス／ライツ（SRHR：性と生殖に関する健康と権利），雇用の確保，社会制度のジェンダー平等が必要であることが示されているのですが，翻って考えますと，現時点では達成されていない重大な目標であるということになります。

　我が国では，女性活躍推進法，男女雇用機会均等法，働き方改革関連法案，育児・介護休業法などさまざまな法的変化があり，また，健康経営優良法人の認定課題の中にも女性の健康が組み入れられました。「Female（女性）」と「Technology（テクノロジー）」を掛け合わせたフェムテック（Femtech）事業も拡大しています。

　変わりそうでなかなか変わらない現状の中で，2019年から続くコロナ禍は，日本のみならず世界の人々の生活を激変させました。非正規雇用の縮小，対面型サービス業務の減少，子どもの保育や教育機関の閉鎖に伴う女性の育児負担の増加など，女性労働者への影響が大きく，雇用の喪失が女性に集中する「She-cession（シーセッション：女性不況）」も起こっています。

　こうした変化の大きな時代を乗り切るために，「レジリエンス」が注目を浴びています。レジリエンスは困難な状況からのしなやかな回復力を意味します。レジリエンスの構成要素には，自分の軸，しなやかな思考，対応力，人とのつ

ながり，セルフコントロールに加え，ライフスタイルが入っています。女性の健康は，女性ホルモンの影響を強く受け，思春期，性成熟期，更年期，老年期とライフステージにおいて生物学的，社会学的な影響によって，さまざまな健康課題に見舞われます。まず，女性のライフステージごとの特性を知り，対処法を考え，行動に移す力が必要だと考えました。健康について知って，考え，行動する能力は「ヘルスリテラシー」といわれています。

　月経や妊娠をプレゼンティーズムのひとつと考え，労働生産性の低下と表現される場合もありますが，生産性低下を防ぐために，医療化が過度に進んだり，女性労働を排除したりする方向に向かってはいけないと考えています。月経，妊娠・出産，不妊，がん，生活習慣病，免疫，筋骨格系疾患など女性特有のものや，性差がある病態や疾患など，男女ともその違いを知り，思いやり，工夫を重ねて持続可能な社会をつくるための知恵が求められています。

　本書では，各ライフステージでの健康や労働の課題を取り上げました。ケーススタディとご自身あるいは身近な方々を重ね合わせて，課題を一緒に考えていただければ，と思います。

2021年12月
荒木労働衛生コンサルタント事務所 所長
荒木葉子

目次

第 1 部

女性がいきいき
生きるための
「いろは」

おさえておきたい女性の身体の基礎

第 1 章

100歳時代に向けた健康経営・持続可能な社会

女性こそ鍵

荒木葉子

1 健康経営とは

「健康経営[※1]」は，2014（平成26）年度から経済産業省が健康経営銘柄認定を開始し，2016（平成28）年度からは「健康経営優良法人認定制度」が創設されたことから，多くの企業が関心を持って取り組むようになりました。

経済産業省のホームページによれば，「健康経営」とは，「従業員等の健康管理を経営的な視点で考え，戦略的に実践することであり，企業理念に基づき，従業員等への健康投資を行うことは，従業員の活力向上や生産性の向上等の組織の活性化をもたらし，結果的に業績向上や株価向上につながる」と期待されています。

健康経営銘柄（一部上場企業），健康経営優良法人（大企業や中小企業等の法人）は，特に優れた健康経営を行っている企業を表彰する制度で，そのための認定基準が設けられています。2018（平成30）年度からは，健康経営銘柄あるいは健康経営優良法人の認定基準に女性特有の健康問題対策が加わりました（表1）。

※1「健康経営」は，NPO法人健康経営研究会の登録商標です。

表1　健康経営銘柄 2022 選定基準

大項目	中項目	小項目	評価項目
1. 経営理念（経営者の自覚）		健康経営の戦略,社内外への情報開示	健康経営の方針等の社内外への発信
		自社従業員を超えた健康増進に関する取り組み	①トップランナーとしての健康経営の普及
2. 組織体制		経営層の体制	健康づくり責任者の役職
		実施体制	産業医・保健師の関与
		健保組合等保険者との連携	健保組合等保険者との協議・連携
3. 制度・施策実行	従業員の健康課題の把握と必要な対策の検討	健康課題に基づいた具体的な目標の設定	健康経営の具体的な推進計画
		健診・検診等の活用・推進	②従業員の健康診断の実施（受診率100%）
			③受診勧奨に関する取り組み
			④50人未満の事業場におけるストレスチェックの実施
	健康経営の実践に向けた土台づくり	ヘルスリテラシーの向上	⑤管理職・従業員への教育※「従業員の健康保持・増進やメンタルヘルスに関する教育」については参加率（実施率）を測っていること
		ワークライフバランスの推進	⑥適切な働き方の実現に向けた取り組み
		職場の活性化	⑦コミュニケーションの促進に向けた取り組み
		病気の治療と仕事の両立支援	⑧私病等に関する復職・両立支援の取り組み
	従業員の心と身体の健康づくりに関する具体的対策	保健指導	⑨保健指導の実施および特定保健指導実施機会の提供に関する取り組み※「生活習慣病予備群者への特定保健指導以外の保健指導」については参加率（実施率）を測っていること
		具体的な健康保持・増進施策	⑩食生活の改善に向けた取り組み
			⑪運動機会の増進に向けた取り組み
			⑫女性の健康保持・増進に向けた取り組み
			⑬長時間労働者への対応に関する取り組み
			⑭メンタルヘルス不調者への対応に関する取り組み
		感染症予防対策	⑮感染症予防に向けた取り組み
		喫煙対策	⑯喫煙率低下に向けた取り組み
			受動喫煙対策に関する取り組み
4. 評価・改善		健康経営の推進に関する効果検証	健康経営の実施についての効果検証
5. 法令遵守・リスクマネジメント			定期健診の実施，50人以上の事業場においてストレスチェックを実施していること，労働基準法または労働安全衛生法に係る違反により送検されていないこと，等。

② 健康経営指標に「女性の健康」が入った理由（ワケ）

　経済産業省はその理由として，女性従業員は日本の全従業員の約44%（2016年）を占めること，女性特有の月経随伴症状などによる労働損失は4,911億円と試算されていること（Tanaka et al., 2013），日本医療政策機構（HGPI）の調査ではヘルスリテラシーの高い女性のほうが仕事のパフォーマンスが高いという結果が出ていることなどから，企業の生産性において女性の健康が重要であり，女性の健康課題に対応し，女性が働きやすい社会環境の整備を進めること

が，生産性向上や企業の業績向上に結びつく，としています（日本医療政策機構，2016；2018；経済産業省，2019）。

2020年の100歳以上の人口は初めて8万人（うち女性は70,975人）を突破し，女性比率は88％となりました。2035年の人口推計では，総人口の男女比率は48％：52％ですが，75歳以上の男女比率は8％：12％と，女性は男性の1.5倍となります。60歳以上の男性は総人口の18％，女性は23％で合計41％，生産人口（15〜60歳）は男女とも総人口の24％で合計48％であり，生産世代の1人が高齢世代の1人（主に女性）を支えなくてはならない計算となります。

合計特殊出生率が1.43（2017年），第一子出産年齢が30.7歳（2016年）となっている現在，リプロダクティブ（生殖可能年齢）世代（15〜40歳）の女性は総人口の12％に過ぎず，仕事に加え，家事，妊娠出産・育児，介護，地域活動までもが期待されています。

したがって，少子高齢化が進む我が国において，持続可能な社会をつくるためには，男女共同参画やダイバーシティ施策の推進に加え，女性のセクシュアル・リプロダクティブ・ヘルス／ライツ[※2]（SRHR）を含む健康支援が重要な課題となります。

健康経営への取り組みは主に働く世代である成人期からが対象になりますが，SRHRに留意することにより，次世代への健康にもよい影響を及ぼし，また，老年期の疾病予防として，健康寿命の延伸にもつながるメリットが期待されます（図1）。

つまり，健康経営による女性の健康推進は，少子高齢化，労働力不足の我が国において，鍵となる施策だと考えられます。

③ 働く女性や管理職の困りごと

2018年に経済産業省ヘルスケア産業課により，働く男女5,422人（男性

[※2] セクシュアル・リプロダクティブ・ヘルス／ライツ（Sexual and Reproductive Health and Rights：SRHR）とは，「性と生殖に関する健康と権利」と訳されます。人間の生殖システムおよびその機能と活動過程のすべての側面において，単に疾病，障害がないというばかりでなく，身体的，精神的，社会的に完全に良好な状態にあることを指します。

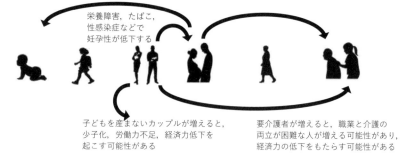

母体がやせ，栄養障害，高血圧，糖尿病，
ストレスなどがあると，胎児に重要な影響を及ぼし，
子どもの生涯の健康障害が起こる可能性がある

若年期のやせ，栄養障害，運動不足などは
更年期，老年期の健康に影響を及ぼし，
介護が必要な状態となりやすい

栄養障害，たばこ，
性感染症などで
妊孕性が低下する

子どもを産まないカップルが増えると，
少子化，労働力不足，経済力低下を
起こす可能性がある

要介護者が増えると，職業と介護の
両立が困難な人が増える可能性があり，
経済力の低下をもたらす可能性がある

図 1　健康経営と Sexual and Reproductive Health and Rights（SRHR）

41.5％，女性58.5％）に対し，女性の健康施策の現状や，意識・要望などの調査が行われました（経済産業省，2018）。

　職場で困った経験として，20〜30代の女性は約50％が月経関連症状・疾患，約30％が月経前症候群（PMS），50代では約25％が更年期障害を挙げました（図2）。メンタルヘルスはいずれの年齢でも20〜30％ですが，PMS も含まれているかもしれません。がんや不妊は30代から多くなる傾向がありました。

　健康問題が理由で何らかのキャリアアップ（正社員になる，希望の職に就く，留学や不妊，昇進など）を諦めた経験のある女性は42.5％，休職や退職を考えた経験のある女性は30.3％でした。休職や退職を考えた理由は，妊娠・出産に関する症状や疾患が30.9％で第1位，続いて，メンタルヘルス，月経関連の症状や疾病，PMS，不妊・妊活，頭痛・片頭痛，更年期，女性に多いがん（乳がんや子宮がん）でした。

　では，管理職は女性の健康について，何に困っているのでしょうか。

　管理職が困難に感じた女性従業員の疾患（図3）は，メンタルヘルスがもっとも多く，次いで月経関連疾患，PMS，がん，不妊でした。女性管理職の数が少ないのではっきりした結論はつけにくいですが，管理職の性別で見てみると，女性管理職のほうが，いずれの疾患に対しても困難を感じているという結果となり，管理職と部下の性の組み合わせで対応の困難性に差があることも示

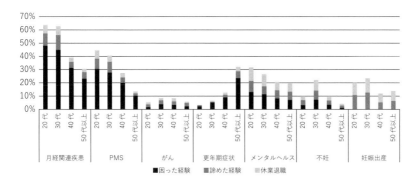

図 2　女性のキャリアに影響する症状・疾患（経済産業省，2018）

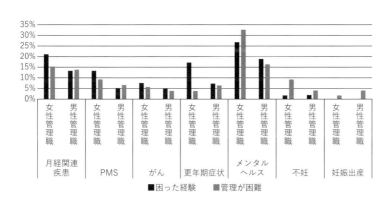

図 3　管理職が困難に感じた女性従業員の疾患（経済産業省，2018）

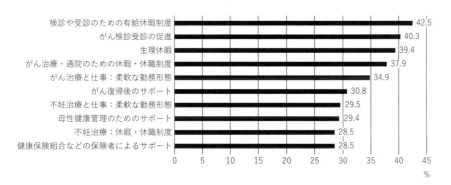

図 4　女性が望む職場の健康支援（経済産業省，2018）

唆されました。

　職場に望む支援（図4）としては，月経関連，がん，不妊，女性特有な疾患に対する，①検診や受診のための休暇，病気と疾患の両立制度など企業内の仕組み，②相談の窓口，③専門家との連携が求められていました。

　また，この調査では，女性であっても女性の心身の特性，疾患に関する知識が不十分であり，男女とも女性の健康に関するリテラシーの向上が必要であることがわかりました。

④ 女性のプレゼンティーズム・アブセンティーズム

　なぜ，職場の健康管理が企業経営と結びつけられるようになったのでしょうか。

　職場での健康関連コストとしては，医療費と，労働生産性損失費用や短期・長期障害費用の両者を考える必要があります。米国で行われた研究結果によれば，医療費や薬剤費の直接費用は24％であるのに対し，生産性の損失（間接費用）は，75％にのぼるといわれています（Edington & Burton, 2003）。生産性の損失としては，出勤はしているものの何らかの疾患や症状を抱えていて，業務遂行能力や生産性が低下している状態（これをプレゼンティーズムといいます）や病気で休んでいる状態（これをアブセンティーズムといいます），労災費用などが含まれます。間接費用の中ではプレゼンティーズムの影響が大きいと言われています。

　では，男性と女性で，アブセンティーズムとプレゼンティーズムに違いがあるでしょうか。

　東京大学政策ビジョン研究センター（2015）は「健康経営評価指標の策定・活用事業」の研究にて，男女のプレゼンティーズムコストとアブセンティーズムコストを計算しています。プレゼンティーズムコストはプレゼンティーズム指標（WHO-HPQ）に平均賃金をかけて算出していますが，女性の平均賃金は男性の0.75倍で計算されていました。プレゼンティーズムコストで，男性のほうが女性よりも高い疾患は，新生物（がん等），血液免疫疾患（貧血など），耳鼻疾患，呼吸器疾患，消化器疾患，筋骨格系疾患，腎尿路生殖器疾患（子宮や卵巣の病気を含む）でした。アブセンティーズムコストは欠勤・休職日数と平均賃金を掛けたものですが，いずれの疾患も男性のほうが女性よりも高い傾

向がありました。

　女性の非正規雇用率や賃金格差，ヘルシーワーカー効果（病気になると退職してしまうので，在職者には健康な人が多いこと）や疾患による失業リスクを考えると，男性とは異なる計算が必要かもしれません。

　「疾患・症状が仕事の生産性等に与える影響に関する調査」（対象者2,400人）によれば，健康時と比べた不調時の業務遂行能力の自己採点（100点満点）は，メンタル面の不調が56.5点，月経不順・PMSなどによる不調63.8点，心臓の不調63.0点，偏頭痛・慢性頭痛67.9点などとなっており，月経不順やPMSの影響が大きいことが示唆されています（ティーペック，2013）。客観的スケールにおいても，メンタル面の不調が生産性低下率8.8と最大ですが，心臓の不調7.4に続き，月経不順・PMSによる不調は5.9となっており，客観的にみても生産性が低下しているとされています。

　和田ら（2007）は慢性疾患が生産性に及ぼす影響を報告していますが，労働障害指数が高かった慢性疾患は，「うつ病・不安又は情緒不安定」と「偏頭痛・慢性頭痛」としており，月経関連症状や更年期，がんに関しては言及されていません。

⑤ 女性の疾患による経済的損失

(1) 月経関連疾患

　Tanaka et al.（2013）は15〜49歳の女性19,254人にアンケート調査を行ったところ，74%が月経関連症状をもっていたと報告しています。月経関連症状・疾患に伴う年間経済的損失は労働損失が4,911億円，OTC医薬品（薬局やドラッグストアで買える市販薬）費用が987億円，通院費用が930億円の計6,828億円と推計しています。

(2) 婦人科系疾患

　日本医療政策機構の働く女性の健康増進調査2016年度版では，婦人科系疾患（乳がん，子宮頸がん，子宮内膜症）のある働く女性の年間医療費支出は1.42兆円（64歳以下女性就業人口2,474万人×婦人科疾患有病率17.1%×年間

33.5万円），生産性損失4.95兆円（女性就業人口2,474万人×婦人科疾患有病率17.1％×平均給与364.12万円×労働損失32.1％）と推計しています。

（3）女性の医療費および生産性損失

　飯島（2019a）は，「女性の疾患による医療費および生産性損失の推計」を報告しています。それによれば，女性の罹病による医療費総計は18.2兆円，生産性費用総計は10.5兆円で，合計28.7兆円でした。

　医療費と生産性費用の合計金額が多い疾患は，消化器系疾患（4.7兆円），循環器系疾患（4.6兆円），新生物（2.7兆円），筋骨格系・結合組織疾患（2.4兆円）となっていました。その内，女性特有の疾病の医療費と生産性費用の総計は，子宮の悪性新生物（1,917億円），乳房の悪性腫瘍（3,563億円），月経障害および更年期障害（1,596億円），乳房および女性生殖器の疾患（6,996億円）でした。

（4）がん

　がんに関しては，福田ら（2014）が「がんの罹患による労働損失の推計」（H24〜25がん臨床研究事業）を出しており，受療による労働損失は，男性2,959億円，女性1,569億円，受療日以外の労働損失推計は，就業率係数×生産力係数＝0.5と仮定すると，男性は4,096億円，女性は2,800億円としています。乳がんに関しては，がんと就労に関するアンケートを行っており，受療日以外の労働損失は491億円，受療日の労働損失551億円で合計1,042億円と推計しています。

（5）罹患・出産・育児・介護のための離職による労働生産性の損失

　また，飯島ら（2019b）は，罹患・出産・育児・介護のために離職した後に就職を希望しているが仕事につけない女性108万人の労働生産性の損失は3兆7,334億円と報告しています。

　このように報告者，計算法によって，労働生産性損失はさまざまです。今後は，いかなる計算法が妥当なのか，またそれをどのように解釈すべきなのか，検討が必要です。

6 改めて健康とは

世界保健機構は1948年に健康を以下のように定義しました。

> *健康とは，身体的，精神的，社会的に完全に良好な状態であり，単に 病気がないとか虚弱でないということではない（Health is a state of complete physical, mental and social well-being and not merely the absence of disease or infirmity）*

ここではウェルビーイング（well-being）という言葉が使われています。さ らに1998年には身体的（physical），精神的（mental），社会的（social）の3つ に加えて，「スピリチュアル」を追加しようという提案がされました。日本語 的には，「生きる意味」，「生きがい」ととらえれば理解しやすいように思います。

忘れてならないのが，セクシュアル・リプロダクティブ・ヘルス／ライツ（Sexual and Reproductive Health and Rights : SRHR, 性と生殖に関する健康と権利）です。 1994年エジプトのカイロで開催された国際人口開発会議（ICPD／カイロ会議） において，SRHRが提唱されました。セクシュアル・リプロダクティブ・ヘル ス（SRH）とは先述した通り，性や子どもを産むことに関わるすべてにおいて， 身体的にも精神的にも社会的にも良好な状態であることで，セクシュアル・リ プロダクティブ・ライツ（SRR）は，自分の意思が尊重され，自分の身体に関 することを自分自身で決められる権利のことです。

症状や疾病にはさまざまな性差がありますが，SRHはもっとも性差が大きく， また，文化社会的性差（ジェンダー）と密接に関係しています。女性の健康を 考える上で，SRHRは常に念頭に置く必要があります。

7 ウェルビーイングとヘルスリテラシー

ウェルビーイングにはヘドニック（hedonic）なものとユーダイモニック （eudaimonic）なものがあるとされています。ヘドニックとは，主観的な，幸 福感や快楽，ある意味利己的なもの，ユーダイモニックとは，生きがい，自己 実現であり，他者との関係性によって生じるある意味利他的なもの，と解釈す ることができます。

　では，どうすれば「ウェルビーイング」な状態になれるのでしょうか。

　リフ（C. Ryff）は，心理学的ウェルビーイングとして，①自分自身も肯定的にとらえること，②他者と信頼できる関係性を持つこと，③自己決定ができ自律的であること，④自分の周囲の環境をコントロールできる，対応できる力があること，⑤自分の目標に進んでいるという感覚があること，⑥成長し続けているという感覚があること，を挙げています。

　健康経営の指標には，ヘルスリテラシーの向上が掲げられています（表1）。ヘルスリテラシーとは，健康のための意思決定に必要な情報を入手，理解，評価，活用する力のことです。ヘルスリテラシーは，「ヘルスケア：病気や症状があるときの，医療情報の収集や医療機関受診など」，「病気の予防：生活習慣の是正や健康診断，予防接種などに関する情報収集や活用」，「ヘルスプロモーション：職場の制度やシステム，社会保障などの情報収集や活用，変革」の三領域で重要な力となります。

　こうしてみると，ヘルスリテラシーはウェルビーイングな状態になるための，コアとなる力と考えられます。

〈文献〉

Edington DW & Burton WN（2003）Health and productivity. In : RJ McCunney（Ed.）A Practical Approach to Occupational and Environmental Medicine. 3rd ed. Philadelphia : Lippincott Williams & Wilkins, pp.140-152.

福田敬（2014）がんの罹患による労働損失の推計．平成24～25年度厚生労働科学研究費補助金（がん臨床研究事業）分担研究報告書．（https://hospital.luke.ac.jp/about/approach/doc/ra21/2/research_activities_2_6.doc［2021年7月26日閲覧］）

飯島佐知子（2019a）女性の疾患による医療費および生産性損失の推計．In：平成29年度～30年度厚生労働科学研究費補助金 女性の健康の包括的支援政策研究事業「女性の健康の社会経済的影響に関する研究（研究代表者：飯島佐知子）」．17-28.

飯島佐知子（2019b）女性の罹患・出産・介護による離職の生産性損失の推計．In：平成29年度～30年度厚生労働科学研究費補助金 女性の健康の包括的支援政策研究事業「女性の健康の社会経済的影響に関する研究（研究代表者：飯島佐知子）」．29-34.

経済産業省（2018）「働く女性の健康推進」に関する実態調査．（https://www.meti.go.jp/policy/mono_info_service/healthcare/downloadfiles/H29kenkoujumyou-reporthoukokusho-josei.pdf［2021 年 3 月 18 日閲覧］）

経済産業省（2019）健康経営における女性の健康の取り組みについて．（https://www.
meti.go.jp/policy/mono_info_service/healthcare/downloadfiles/josei -kenkou.pdf［2021
年 3 月 18 日閲覧］）

ティーペック（2013）特集「疾患・症状が仕事の生産性に与える影響に関する調査」
を読み解く．EAP Magazine TEN 26 ; 2-7．（https://www.t-pec.co.jp/wp/wp-content/
uploads/2013/07/pdf_cept_20130715_26.pdf［2021 年 3 月 18 日閲覧］）

日本医療政策機構（2016）【調査報告】働く女性の健康増進に関する調査結果．（https://
hgpi.org/lecture/475.html［2021 年 3 月 18 日閲覧］）

日本医療政策機構（2018）【調査報告】働く女性の健康増進に関する調査 2018（最終
報告）．（https://hgpi.org/research/809.html［2021 年 3 月 18 日閲覧］）

Tanaka E, Momoeda M, Osuga Y, et al.（2013）Burden of menstrual symptoms in
Japanese women : Results from a survey-based study. Journal of Medical Economics 16 ;
1255-1266.（DOI:10.3111/13696998.2013.830974）

東京大学政策ビジョン研究センター（2015）健康経営評価指標の策定・活用事業 成
果報告書．平成 27 年度健康寿命延伸産業創出推進事業（ヘルスケアビジネス創出
支援等）．（https://pari.ifi.u-tokyo.ac.jp/unit/H27hpm.pdf［2021 年 7 月 26 日閲覧］）

和田耕治，森山美緒，奈良井理恵，ほか（2007）関東地区の事業場における慢性疾
患による仕事の生産性への影響．産業衛生学雑誌 49 ; 103-109.

第 2 章

キャリアを創る

荒木葉子

① 女性の「働き方」の実情

　日本の女性の働き方は，長らく20～30代に労働力率が低下するいわゆる「M字カーブ」と言われていました。しかし，図1のように2019年には20～50代は70％を超えており，60代も58.1％にまで上昇し，ほぼ台形になっています。これは結婚や初産年齢が上昇し，生涯未婚者，生涯未出産者が増えてきたのが一因と考えられます（厚生労働省，2020）。

　また，10年前に比べ20～30代の有配偶者の労働力率は60％と，10％以上増加し，結婚しても，そしておそらく妊娠後も仕事を継続する女性が増えてきています。また，50歳以降は配偶者の有無にかかわらず，労働力率は上昇しており，婚姻に左右されがちだった女性の働き方に変化がみらます。

② 女性の収入

　女性が働くことは当たり前になりましたが，非正規雇用が多い，職種が限られている，職位が低い，賃金が低い，社会保障を受けにくい，という課題があります。正規雇用であっても収入は男性の8割程度，その主な理由は雇用期間が短いことと役職が低いことです。

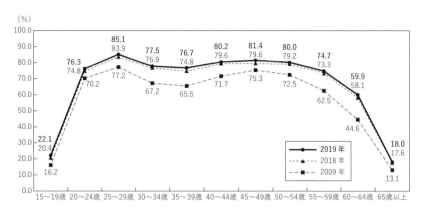

図 1　女性の年齢階級別労働力率の推移（厚生労働省，2020）

③ 管理職比率とジェンダーギャップ

(1) ジェンダーギャップ指数

　世界経済フォーラム（World Economic Forum）は 2021 年 3 月，「The Global Gender Gap Report 2021」を公表し，各国における男女格差を測るジェンダーギャップ指数（Gender Gap Index：GGI）を発表しました。この指数は，経済，教育，健康，政治の 4 つの分野のデータから作成され，0 が完全不平等，1 が完全平等を意味しています。2021 年の日本の総合スコアは 0.656，順位は 156 カ国中 120 位（前年は 153 カ国中 121 位）でした。

　ちなみに，各分野におけるスコアと順位を 2020 年と比較してみましょう。

　　　　　　　　　2020 年　　　2021 年
　　経済分野：0.598　→　0.604
　　教育分野：0.983　→　0.983
　　健康分野：0.979　→　0.973
　　政治分野：0.049　→　0.061

　2020 年に比べ，経済分野のスコアが大きく上昇していますが，これは，労

働参加率の男女比や同一労働における賃金の男女格差などが改善したことが要因です。しかし，それでも世界と比べるとまだまだな状況です。

（2）ジェンダー不平等指数

　このほか，各国における男女格差を測る主な国際的指数としては，国連開発計画（UNDP）のジェンダー不平等指数（Gender Inequality Index : GII）があります。GIIは，保健分野，エンパワーメント，労働市場の3つの側面から構成されており，男女の不平等による人間開発の可能性の損失を示しています。0から1までの値を取り，1に近いほど不平等の度合いがより高いことを示しており，2020年統計では，日本の値は0.094で世界189カ国中19位でした。

（3）女性管理職の割合

　国際労働機関（ILO）は2020年の世界の管理職に占める女性の割合は29.9％だったとする報告書を発表しました。日本は14.5％と主要20カ国（G20）で最下位。残念ながら女性のリーダー層への登用はとても遅れている，といわざるを得ません。

④ 社会保障

　健康を守るためにさまざまな社会保障があります。日本は国民皆保険制度を取っていますので，誰もが何らかの健康保険に加入していると思いますが，組合健保，協会けんぽ，国民健康保険など加入している組織によって，カバーされる保障は異なります。また，非正規雇用の場合，雇用保険，健康保険，厚生年金，企業年金などいずれも正規雇用に比べて加入率が低く，退職金も賞与も少ないことがわかっています。非正規雇用といっても，その実情は個々に異なり，配偶者や親の保険に加入しており，世帯として問題ない場合もあります。なお，2020年から事業者は同一労働同一賃金（後述）への対応が必須となったため，今後は社会保障に関しても変化していく可能性があります。

⑤ 結婚・妊娠・出産・育児と経済との関係

　結婚・妊娠・出産・育児は，日本の女性のキャリアや経済に大きく関わっています。

　稲垣（2019）が将来の高齢者の年金額シミュレーション分析を行っており，例えば以下のように年金の受取額を予想することができます。

　Aさん（女性）は正社員でしたが，出産を契機に専業主婦となり，子どもが大きくなり再度パートで働き，夫が亡くなっています。Aさんの75歳での年金受取額は年額101万円です。

　Bさん（男性）は終身雇用制の会社で正社員として働き，妻は専業主婦，二人の子どもがおり，75歳での年金受取額は年額148万円です。

　Cさん（女性・独身）はずっと非正規雇用で働いていましたが，介護離職し，両親を看取った後の年金額は年額24万円です。

　あなたはどのパターンに近いでしょうか。

⑥ 日本女性の結婚観や子ども観

　結婚・妊娠・出産・育児とキャリアや経済状況は密接に関係しているのですが，日本の女性がどのような結婚観，子ども観をもっているのか，2015年に行われた「結婚と出産に関する全国調査」（国立社会保障・人口問題研究所，2017）からみてみましょう。

　日本の未婚者でいずれ結婚したいと考えている人の割合は男性85.7％，女性89.3％で高い水準にありますが，異性との交際経験がない割合は，男性69.8％，女性59.1％，性経験のない未婚者の割合は男性42.0％，女性44.2％と増加傾向にあります。平均結婚年齢は男性30.4歳，女性28.6歳ですが，男性は同い年志向が41.8％を占めています。親と同居しているのは，男性72.2％，女性78.2％と高率で，一人でいても寂しくないという男性48.4％，女性36.2％という数値からは，結婚したいと思うものの，さほど切迫していない様子がうかがえます。

　未婚女性のライフコースとして，専業主婦コースは減少しており（7.5％），両立コース（28.2％）や非婚就業コース（21.0％）が増加しています。相手

に求める条件は,「人柄」が男女とも95％以上,「家事育児の能力」も男性92.8％, 女性96.0％と双方に高い要件となっています。

　結婚している人では, 夫妻の平均出会い年齢は, 夫26.3歳, 妻24.8歳, 平均交際期間は4.3年で晩婚化が進行しています。半数を超える夫婦に2人の子どもがおり（54.0％）, 子ども1人は18.6％です。夫婦の39.8％が避妊を実施していますが, これは過去最低の数値で, 一方, 不妊を心配している夫婦は35％, 子どもがいない夫婦では55.2％となっています。実際に不妊の検査や治療を受けたことのある夫婦は18.2％, 流産死産を経験したことのある夫婦は15.3％となっています。

　第1子出産後の職場復帰率は, 以前は4割程度でしたが, 近年では, 53.1％と増加傾向にあり, 第1子について, 何らかの子育て支援制度・施設を利用した夫婦の割合は80.2％で, 出産後も妻が継続して正規雇用の場合には98.1％に上りました。正規雇用の場合, 子育てとの両立がしやすくなっている現状がうかがえます。

7 女性は非正規のほうが働きやすい？　管理職になりたくない？

　「女性は家事や育児, 介護があり, 配偶者控除内で働いたほうが得だから, 非正規の働き方を自らが選んでいる」,「責任の重い管理職には, たとえ推薦されても断る女性が多い」という声は本当でしょうか？

　2018年に報道された東京医科大学など複数の医学部で合格に性差を設けていた不正入試問題では,「何もしないと女子のほうが合格率が高くなり, 外科などを選ばない, 地方にはいかない, すぐ辞める, など医療崩壊を起こすので男性を優先的に合格させた」, あるいは「女子はコミュニケーション能力が高いから合格しやすいので低い点数をつけた」などが点数操作の要因でした。女性の合格率が3割でとどまっていることに, 女性も（筆者も）,「そんなものかもしれない」と諦めや慣れのような気持ちでとらえてきました。これに疑問をもった人たちが立ち上がったことで, 上記のような理由で半ば公然と性差別が行われていたことが発覚しました。

　社会的な性差は, 以前は女性を保護するためのものだったかもしれません。日本社会は, 社会的性差が長きにわたり続いており, 男性も女性も,「こんな

ものだろう」という無意識バイアス（アンコンシャスバイアス）を持っている可能性があります。アンコンシャスバイアスは，成育歴，社会構造の中で作られるものですから，善悪の問題ではありません。しかし，他の立場から物事をみることで偏見や諦めに気づくことがあります。男女が生物学的に異なることは確かですが，そこに性差別が潜んでいないかを考えてみましょう。

8 同一労働同一賃金

　労働関係法の改正により 2020 年 4 月から（中小企業は 2021 年 4 月から），同一労働同一賃金の導入が事業者に義務付けられました。事業主には，正社員と非正規雇用労働者（短時間労働者・有期雇用労働者）の間の不合理な待遇差の解消（いわゆる「同一労働同一賃金」）が求められます。派遣労働者も 2020 年 4 月から同様の対応が求められています。

＊

　時代は変わりつつあります。100 年キャリアの時代に向けて，自らが主体となってキャリアを創っていきましょう。

〈文献〉
稲垣誠一（2019）将来の高齢者の年金額シミュレーション分析. 季刊 個人金融 2019 冬号 ; 57-67.（http://www.yu-cho-f.jp/wp-content/uploads/2019winter_articles06.pdf ［2021 年 3 月 18 日閲覧］）
International Labour Organization（2020）Women in managerial and leadership positions in the G20（https://www.ilo.org/wcmsp5/groups/public/---dgreports/---ddg_p/documents/publication/wcms_762098.pdf ［2021 年 7 月 26 日閲覧］）
国立社会保障・人口問題研究所（2017）第 15 回出生動向基本調査（結婚と出産に関する 全国調査）.（http://www.ipss.go.jp/ps-doukou/j/doukou15/doukou15_gaiyo.asp ［2021 年 7 月 26 日閲覧］）
厚生労働省（2020）令和元年版 働く女性の実情.（https://www.mhlw.go.jp/bunya/koyoukintou/josei-jitsujo/19.html ［2021 年 7 月 26 日閲覧］）
厚生労働省（n.d.）同一労働同一賃金特集ページ.（https://www.mhlw.go.jp/stf/seisakunitsuite/bunya/0000144972.html ［2021 年 7 月 26 日閲覧］）

United Nations Development Programme（2020）Gender Inequality Index（GII）. In：
    Human Development Reports.
World Economic Forum（2021）Global Gender Gap Report 2021.（https://www.
    weforum.org/reports/global-gender-gap-report-2021/in-full ［2021年7月26日閲覧］）

第 **3** 章

健康の性差

荒木葉子

　「女性の健康」というと，月経，妊娠，出産，卵巣・子宮・乳房に関すること（乳がんなど），ととらえることが多いですが，女性と男性の健康にはさまざまな差があります。性差医学は，ジェンダー（社会文化的な性）とセックス（生物学的な性）の両方を重視します。性差に関する用語の定義は歴史や分野によって異なり，ジェンダーが生物学的性差を含む場合もありますし，セックスが異なる意味を持つ場合もあります。社会文化的な性と生物学的な性は完全に分離できるものではなく，双方に関係し合っています。

　ここでは日本の女性の健康の現状についてみていきましょう。

1 寿命，死因，受療

（1）女性は男性よりも長寿だが，不健康寿命も長い

　2019年の日本人の平均寿命は女性が87.45歳，男性が81.41歳で，男女ともに過去最高でした。また2020年の人口は，100歳以上の女性は70,975人，男性が9,475人で，女性比率は88％となりました。世界的にみても，女性のほうが男性よりも長寿です。一方，健康寿命（健康上の問題で日常生活が制限されることなく生活できる期間）は，2016（平成28）年時点では，女性74.79年，男性72.14年となっています。寝たきり・介護が必要となる原因としては，男性では脳血管疾患（脳卒中），認知症が二大原因ですが，女性は認知症，続いて骨折，関節疾患，脳血管疾患が原因となります。

（2）死因には性差がある

　男性は女性の1.5倍死亡数が多く，死亡する年齢は女性よりも低いです（厚

生労働省，2021a）。

　女性の死因は，悪性新生物（がん），心疾患，老衰，脳血管疾患，肺炎の順です。男性の死因は，悪性新生物（がん），心疾患，肺炎，脳血管疾患，老衰の順です。日本はがんで亡くなる方が多く，生涯でがんにより死亡する確率は男性25%（4人に1人），女性16%（6人に1人）になりました。がんが死因となる場合，女性は大腸がん，肺がん，膵がん，男性は，肺がん，胃がん，大腸がんの順番で多いです。

　年代によって死因は異なり，がんは女性のほうが若い年代から，心筋梗塞などの心血管疾患は，男性のほうが若い年代から始まります。

（3）受療する病気にも性差がある

　医療機関を受診するのは，すべての年齢で女性のほうが多いです。

　20～39歳では，女性は歯，胃や腸，膀胱炎，妊娠分娩関係，40代から新生物（子宮筋腫や卵巣嚢腫などの良性疾患や子宮頸がんや乳がんなどの悪性疾患）が多く，50歳ごろから高血圧，脂質異常症，関節疾患が増え始め，60歳以上になると脳血管疾患（脳卒中，狭心症，心筋梗塞など）や膝関節症など，75歳以上になると動脈硬化性の脳血管疾患に加えて不整脈，弁膜疾患，心不全，認知症，骨折などが増えてきます（厚生労働省，2019）。

　女性のほうが男性よりも多い疾患としては，腰痛・肩関節痛・膝関節痛・骨粗鬆症などの骨関節疾患，高コレステロール血症，うつ病・神経症などの精神疾患，甲状腺や関節リウマチなど自己免疫疾患，貧血，認知症などです。一方，男性のほうが女性よりも多い疾患としては，糖尿病，狭心症・心筋梗塞，痛風，脳卒中，慢性閉そく性肺疾患などです。

　なお，かかりやすいがんは，女性は乳房，大腸，胃，肺，子宮の順で，男性は，肺，大腸，前立腺の順です。女性の乳がん，子宮頸がんは近年増加傾向にあります。ちなみに感染症にも性差があることがわかっています。2020年はCOVID-19が猛威をふるいました。COVID-19は世界的にみても女性のほうが感染者は少なく，重症化しにくいことが報告されています。Global Health 50/50（n.d.）がまとめた報告によれば，COVID-19の性別が明確になっている35カ国のうち，33カ国で死亡率の男女比が1を上回りました（Gomez et al., 2021）。

　乳幼児から，女性はより強い適応免疫応答を持ち，生涯を通じて感染症で死ぬことが少ないと言われています。一般に，女性は細菌やウイルスを男性よりも早く駆除し，ワクチンは男性よりも女性のほうが効果的であるといわれています。男性ホルモンのアンドロゲンは男性の炎症反応を増強し，予後を悪くしますが，エストロゲンは女性の防御反応を促進します。

　感染症に対する性差は，性成熟期前から認められるため，性ホルモン以外の因子も関係していると考えられおり，性染色体の関与が示唆されています。X染色体には，免疫機能に関連する60の遺伝子があります。一般的には，男性のX染色体は1つで，女性のX染色体は2つありますが，2つのうち1つは不活化されます。しかしながら，不活化はランダムに起こり，しかも15%くらいは不活化を免れていると言われています。X染色体の免疫機能に関する遺伝子が多く発現することで，女性は急性の感染症にはより抵抗力を持っているのではないか，しかし，一方では，慢性の感染症に対しては，逆の働きを持ち，自己免疫性疾患を起こしやすいのではないか，とも考えられています。

　一般にがん罹患・死亡率は男性で高く，この差は男女の免疫応答の差によるものではないか，と考えられてきましたが，近年開発された，免疫チェックポイント阻害剤が女性に効きにくいという研究結果が出ており，そうした仮説を裏付けているようです。

2 婦人科関係

(1) 月経の期間は長くなっている

　初経は12歳くらいで徐々に低年齢化しています。閉経は50歳でほぼ変化がありません。第一子出産平均年齢は30.7歳（2020年），合計特殊出生率は1.34（2020年）で，初産年齢は上昇しており，妊娠・出産の回数も減っています（厚生労働省，2021a）。

　妊娠回数が少なくなっているので，経口避妊薬（OC）を使用せず，毎回月経がある（年13回×38年）と仮定すると，妊娠を経験しない場合は，生涯約500回月経を経験することになります。月経の回数が多いと月経関連症状・疾患も増加します。

　ちなみに，女性の生涯未婚率は14.1%，男性の生涯未婚率は23.4%（2018年）

であり，女性は経年的にあまり変化していないのですが，男性の未婚率は上昇を続けています。

(2) 不妊治療が増加

2015 年の調査によれば，日本では約 5 万人が生殖補助医療（体外受精，顕微授精，凍結胚を用いた治療）によって誕生しており，全出生児の 5.1％に当たります。また，不妊の検査や治療を受けたことのある夫婦は全体で 18.2％，子どものいない夫婦では 28.2％となっています（国立社会保障・人口問題研究所，2017）。

(3) 中絶は依然として多い

2020（令和 2）年度の人工妊娠中絶件数は 145,340 件で，年齢階級別にみると，「20 ～ 24 歳」が 36,573 件，「25 ～ 29 歳」が 29,293 件でした（厚生労働省，2021b）。

(4) 性感染症が増加

最近，10 ～ 20 代を中心に男女とも梅毒が増加しています。また，性器クラミジア感染は増加はしないものの，年間 12,000 件を突破しており，特に若年女性の多さが目立ちます。

(5) 更年期症状は増えているのかもしれない

更年期症状・障害に関する大規模な調査はないので，はっきりしたことは不明ですが，中高年女性の就業率は高くなっているため，働く女性が更年期症状を抱える率は高くなっていると思われます。

内閣府男女共同参画局の調査（2018）によれば，40 代女性の約 40％，50 代女性の約 50％以上が更年期症状があるとされています。40 ～ 60 代の男性の約 20％にも更年期症状があるとされ，更年期の健康課題は男女共通と思われます。

③ 生活習慣

(1) 若年と高齢者のやせが増加

　日本は，男女とも肥満が少ない国です。以前から20代女性のやせは問題でしたが，最近は20〜40代までやせが広がっていること，また，高齢者のやせが増えていることが問題になっています。若年女性のやせは，妊娠・出産時のトラブルや低体重児など胎児異常をきたしやすく，次世代に影響を及ぼします。高齢女性のやせは死亡率，骨折の頻度などが高くなることがわかっており，フレイル対策が重要です。また，若年男性もやせが増えてきており，若年者のやせは男女共通の課題になっています（厚生労働省，2020a）。

(2) たばこ吸う女性やアルコールを飲む女性が増加

　男性の喫煙率は27.1％，女性は7.6％です。男性は40〜49歳（36.5％），女性は50〜59歳（12.9％）がもっとも喫煙率が高いです。

　生活習慣病のリスクを高める飲酒量とは，1日当たりの純アルコール摂取量が男性40g以上，女性20g以上です。この量を飲んでいる男性は14.9％，女性は9.1％です。20代女性は5.3％ですが，年齢とともに増加し，50代では16.8％になります。女性の飲酒は，血中アルコール濃度が高くなりやすい，乳がんや胎児性アルコール症候群などの女性特有の疾患のリスクを増大させる，早期に肝硬変やアルコール依存症になりやすいなど女性特有の飲酒リスクがあります。

(3) 朝食抜き，栄養不足が増加

　最近は男女とも朝食の欠食が目立ちます。男性の欠食率は，20代30.6％，30代23.3％，40代25.8％，50代19.4％，女性は20代23.6％，30代15.1％，40代15.3％，50代11.4％となっており，若年の欠食率が高いことがわかります。

　栄養の摂り方をみると，20〜30代の女性は1600kcal台で，他の年代よりも少なく，特にタンパク質は30代は60g以下，炭水化物やビタミン，鉄，亜鉛，カルシウムなどのミネラルも20〜30代の女性は少ないです。

（4）若年のほうが高齢者よりも運動不足

　驚くべきことに高齢者の運動習慣はかなり高くなってきています。男性は60代35.5％，70代42.7％，女性は60代25.3％，70代35.9％の高齢者が運動をしています。ところが，男性は20代では28.3％が運動習慣があるにもかかわらず，40代で18.5％に著減，50代から盛り返し21.8％，60代で35.5％です。女性は20代11.6％，30代14.3％，40代16.1％と低率が続き，やっと50代で24.4％に上昇します。

（5）日本人女性の睡眠時間は短い

　睡眠は，心身の休息だけではなく，自律神経や免疫機能，記憶を整えるのに重要だといわれています。睡眠不足が続くと，精神的に不安定になったり，集中力や判断力の低下によりミスや事故が起こりやすかったり，高血圧，糖尿病，肥満，あるいはがんのリスクも高まると報告されています。日本人の睡眠時間は諸外国と比べてかなり短く，2019年の経済協力開発機構（OECD）の調査では，平均睡眠時間7時間22分で，先進7カ国中最下位でした。

　さらに，男性70.2％，女性76.8％の睡眠時間が7時間未満で，女性は20代が78.1％，30代77.5％，40代83.1％，50代87.0％，60代79.5％といずれの年代も寝不足です。

（6）生活時間の性差

　平成28年社会生活基本調査（総務省統計局，2017）によれば，仕事時間は男性6.50時間，女性3.35時間，家事時間は男性0.19時間，女性2.24時間，育児時間は男性0.06時間，女性0.24時間と，小さな子どものいる家庭では若干男性の育児・家事時間が増えている傾向がありますが，依然として一日の時間の使い方には男女で大きな差があります。

＊

　働き方改革，COVID-19の影響もあり，2020年は働き方の激変が起こりました。これからの社会構造の変化に即した健康対策が必要になります。

〈文献〉

Global Health 50/50（n.d.）The COVID-19 Sex-Disaggregated Data Tracker.（https://globalhealth5050.org/the-sex-gender-and-covid-19-project/the-data-tracker/［2021 年 7 月 28 日閲覧］）

Gomez JMD, Du-Fay-de-Lavallaz JM, Fugar S, et al.（2021）Sex differences in COVID-19 hospitalization and mortality. Journal of Women's Health（Larchmt）30 ; 646-653. doi:10.1089/jwh.2020.8948

国立感染症研究所（n.d.）感染症発生動向調査事業年報.（https://www.niid.go.jp/niid/ja/allarticles/surveillance/2270-idwr/nenpou/10115-idwr-nenpo2019.html［2021 年 7 月 28 日閲覧］）

国立社会保障・人口問題研究所（2017）2015 年社会保障・人口問題基本調査（結婚と出産に関する全国調査）現代日本の結婚と出産―第 15 回出生動向基本調査（独身者調査ならびに夫婦調査）報告書.（http://www.ipss.go.jp/ps-doukou/j/doukou15/doukou15_gaiyo.asp［2021 年 7 月 28 日閲覧］）

厚生労働省（2019）平成 29 年（2017）患者調査の概況.（https://www.mhlw.go.jp/toukei/saikin/hw/kanja/17/index.html［2021 年 7 月 28 日閲覧］）

厚生労働省（2020a）令和元年国民健康・栄養調査報告.（https://www.mhlw.go.jp/stf/seisakunitsuite/bunya/kenkou_iryou/kenkou/eiyou/r1-houkoku_00002.html［2021 年 7 月 28 日閲覧］）

厚生労働省（2020b）令和 2 年版 厚生労働白書―令和時代の社会保障と働き方を考える.（https://www.mhlw.go.jp/stf/wp/hakusyo/kousei/19/index.html［2021 年 7 月 28 日閲覧］）

厚生労働省（2021a）令和 2（2020）人口動態統計月報年計（概数）の概況.（https://www.mhlw.go.jp/toukei/saikin/hw/jinkou/geppo/nengai20/index.html［2021 年 7 月 28 日閲覧］）

厚生労働省（2021b）令和 2 年度の人工妊娠中絶数の状況について.（https://www.mhlw.go.jp/stf/newpage_18838.html［2021 年 7 月 28 日閲覧］）

内閣府（2018）平成 30 年版高齢社会白書（全体版）.（https://www8.cao.go.jp/kourei/whitepaper/w-2018/html/zenbun/index.html［2021 年 7 月 28 日閲覧］）

内閣府（2019）令和元年版高齢社会白書（2 健康・福祉）.（https://www8.cao.go.jp/kourei/whitepaper/w-2019/zenbun/pdf/1s2s_02_01.pdf［2021 年 7 月 28 日閲覧］）

内閣府 男女共同参画局（2018）男女共同参画白書 平成 30 年版（第 2 節 男女の健康支援）.（https://www.gender.go.jp/about_danjo/whitepaper/h30/gaiyou/html/honpen/b1_s00_02.html［2021 年 7 月 28 日閲覧］）

OECD（2019）The OECD Gender Data Portal.（https://www.oecd.org/gender/data/
　［2021年7月28日閲覧］）
総務省統計局（2017）平成28年社会生活基本調査の結果（https://www.stat.go.jp/
　data/shakai/2016/kekka.html［2021年7月28日閲覧］）

第4章

強いカラダを造る

年代ごとのポイント

荒木葉子

第3章で述べたように，健康にはさまざまな性差があり，生物学的には遺伝子および性ホルモンの影響が大きいと考えられます。女性の心身の状態は，ホルモンの影響を大きく受けるため，思春期，妊娠・出産期，更年期，高齢期といった，ライフステージごとに大きく変化するという特徴があります。特に妊娠や出産などに関しては，「セクシュアル・リプロダクティブ・ヘルス／ライツ（性と生殖に関する健康と権利）」（OHCHR, n.d.）やプレコンセプションケア[※1]（WHO, 2013）などに，男女ともに取り組んでいくことが重要です。

1 男性と女性の違いを決めるのは染色体と性ホルモン

人間には46本の染色体があり，そのうち2本が性染色体です。性染色体にはX染色体とY染色体があり，XYの組み合わせは男性，XXの組み合わせは女性になります。妊娠7週目以降，Y染色体のある胎児には精巣ができ，なければ卵巣ができます。精巣から男性ホルモンが出ることで，男性の性器ができます。男性ホルモンがなければ男性化は起こらず，女性になります。

性染色体にはバリエーションがあり，XX，XY以外のこともあります。また性ホルモンの合成過程やホルモンの受容体（ホルモンが結合して，機能を発揮

※1 妊娠前の女性とカップルに医学的・行動学的・社会的な保健介入を行うこと（WHO, 2013）

する場所のこと）に変化がある場合は，性染色体と性器の発達，外見が一致しない場合もあります。

　8歳くらいから18歳くらいまでを思春期といい，この時期に第二次性徴が起こります。

　性ホルモンは，女性は卵巣から，男性は精巣から主に分泌されますが，その量は脳の中にある視床下部や脳下垂体との相互作用によってコントロールされています。腎臓の上のほうにある副腎からも性ホルモンは分泌されます。

2 コレステロールから性ホルモンは作られる

　性ホルモンは，コレステロールから作られます。エストロゲンの中で女性ホルモン活性が一番強いのがエストラジオール（E2），アンドロゲンの中で男性ホルモン活性が一番強いのがテストステロン（T）です。

　性成熟期には，女性では卵巣からのエストラジオール（E2）やプロゲステロン（P）が，そして男性では精巣からのテストステロン（T）が主要なホルモンとなります。副腎では，女性ホルモン，男性ホルモンも作られていますが，性成熟期には，精巣や卵巣から作られる性ホルモンの量の1/10程度なので目立った働きはしません。しかし，更年期になると女性の場合，卵巣の働きが落ちてきますので，副腎で作られた男性ホルモンが，脂肪や乳房などの組織にあるアロマターゼという酵素によって女性ホルモンに変換され，卵巣に代わって働きます。

3 性ホルモンの年代別の量

　ホルモンの値は，月経のタイミング，年齢，そして個人差も大きいのが特徴です（図1）。

　E2の量は，卵胞期25〜100 pg/ml，排卵期150〜450 pg/ml，黄体期70〜220 pg/ml，閉経期35 pg/ml以下となります。妊娠前期には2,300〜7,400 pg/ml，妊娠中期には9,700〜18,400 pg/ml，妊娠後期には16,500〜32,400 pg/mlまで増加します。男性のエストラジオール量は15〜60 pg/mlで緩やかに加齢によって減少しますが，更年期女性の中には男性以下の量になる方もいます。

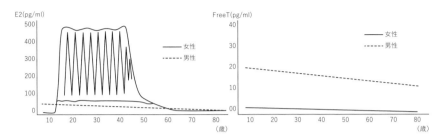

図1　年齢と性ホルモン

　男性のテストステロンも加齢によって減少しますが，その速度はゆっくりです。日本人男性のフリーテストステロンの平均値は，20代16.8 pg/ml，30代14.3 pg/ml，40代13.7 pg/ml，50代12.0 pg/ml，60代10.3 pg/ml，70代8.5 pg/mlと報告されています。日本女性は20代0.9〜2.3 pg/ml，30代0.6〜2.5 pg/ml，40代0.3〜1.8 pg/ml，50代以上0.8〜1.7 pg/mlと男性の1/10以下となっています。

4 性ホルモンの働き

　性ホルモンの働きには表1のようなものがあります。
　女性ホルモン量は，月経サイクル，性成熟期から更年期，老年期まで大きく変化するため，女性の症状や疾病はそれに従って変化します。女性は月単位，年単位で女性ホルモンの大波小波の波乗りをしているのです。

5 女性のライフサイクルにおける疾患，予防法

　図2に，女性のライフサイクルにおける疾患，それを予防するための健康診断，がん検診など，また，健康を守る上で重要な法律や施策をまとめました。
　就労期は10代後半から70歳までとして記載しましたが，社会の少子高齢化により，就労年代には変化が起こってくるかもしれません。
　厚生労働省は，2015（平成27）年に女性の健康の包括的支援のために，女

表1　性ホルモンの働き

エストロゲン	プロゲステロン	アンドロゲン
・排卵前に精子が通りやすくなるように子宮頸管の分泌液を増やす ・妊娠中に乳汁が出るのを抑える ・女性らしい体を作る ・肌の潤いやハリを保つ ・血管を強くしなやかにして動脈硬化を防ぐ ・骨密度を保つ ・髪をツヤツヤにする ・物忘れを予防する ・善玉コレステロールを増やし，悪玉を減らす ・免疫に関与する ・薬物代謝に関与する ・大腸がんを起こりにくくする	・子宮内膜や子宮筋の働きを調節する ・妊娠を維持する ・体温を上げる ・乳腺を発育させる ・体内の水分量を保つ ・食欲を増進させる ・基礎体温を上昇させる ・眠くなる ・イライラする・憂鬱になる	・骨や筋肉の発達を促し，内臓脂肪を抑え，男性的な体型を作る ・精子を作って性欲を高める ・判断力や理解力，記憶力などの認知能力を高める ・免疫力や骨量を保つ ・動脈硬化を防ぐ ・皮膚の潤いを保ち，皮膚の弾力成分であるコラーゲンを維持する

性の健康推進室を設置し，「女性の健康推進の情報ポータルサイト ヘルスケアラボ」や「働く女性の健康応援サイト」を作成しています。

6 職域の健康診断は女性の健康に十分対応しているか

(1) 健康診断の種類

　職場の健康診断には，一般健康診断（雇い入れ時，定期，深夜労働などの特定業務従事者，海外派遣，給食事業従事者）と特殊健康診断（高気圧，放射線，特定化学物質，石綿，鉛，四アルキル鉛，有機溶剤）の2種類があります。

　一般健康診断は，事業主が「常時使用する労働者」に対して行う義務があります。「常時使用する労働者」の条件は「1年以上使用する予定で，週の労働時間が正社員の4分の3以上である者」で，週の労働時間が正社員の2分の1以上のときは努力義務となっています。検査項目は以下の11項目で，すべての項目を行うことが必須です。派遣社員の場合は，派遣元で行います。

　検査項目：①既往歴および業務歴の調査，②自覚症状および他覚症状の有無

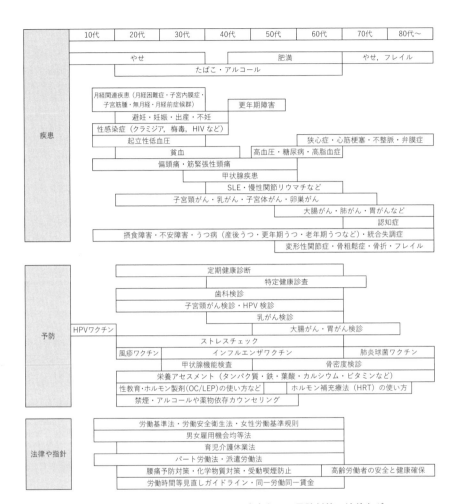

図2　女性のライフサイクルにおける疾患とその予防対策，法律など

の検査，③身長，体重，腹囲，視力および聴力の検査，④胸部エックス線検査，⑤血圧の測定，⑥貧血検査（血色素量および赤血球数），⑦肝機能検査（AST，ALT，γ-GTP），⑧血中脂質検査（LDLコレステロール，HDLコレステロール，血清トリグリセライド），⑨血糖検査，⑩尿検査（尿中の糖および蛋白の有無の検査），⑪心電図検査

　雇い入れ時健診はすべての項目が必須ですが，定期健康診断は，特定の年齢以外は，血液検査項目，心電図は医師の判断のもとで，省略可能となっています。妊婦は，腹囲測定は免除されていますが，胸部レントゲンは免除されません。

　項目の決定は1972（昭和47）年に行われ，その後，見直しの検討が行われましたが，脂質，血糖，腎機能（クレアチニン）に関しての変更があった程度で大きな変更は行われていません。若年女性には鉄欠乏性貧血が多いのですが，診断に役に立つヘマトクリットや鉄関連項目は含まれていません。

（2）健康保険組合が行う特定健康診査

　2008（平成20）年4月からはメタボリックシンドローム（内臓脂肪症候群：MetS）対策として，特定健康診査が開始されました。MetSの該当者と予備群の方に対しては特定保健指導（積極的支援，動機づけ支援）が行われます。健診項目はSTEP1で肥満の有無，STEP2で血糖，コレステロール，血圧，喫煙歴等をチェック，その組み合わせによって，積極的支援（対面やメール，電話などで定期的に介入します）か，動機づけ支援（積極的支援よりも緩やかな支援）が行われます。また，2018年度から必要な場合は，「血清クレアチニン検査」を追加し，糖尿病性腎症の重症化予防を強化することになり，今までの問診（体重変化，食事や運動，たばこ，アルコール）に，新たに「食事をかんで食べる時の状態」が加わりました。

STEP1：腹囲は男性85cm以上，女性90cm以上
　　　　　あるいは腹囲男性85cm未満，女性90cm未満でもBMIが25以上
STEP2：①空腹時血糖100 mg/dl以上，HbA1c 5.6%以上
　　　　　②中性脂肪150 mg/dl以上，HDLコレステロール40 mg/dl以上
　　　　　③収縮期血圧130 mmHg以上，拡張期血圧90 mmHg以上
　　　　　④喫煙歴（①～③が一つ以上あった場合）

　特定健康診査の判定値は，実はかなり独特です。2005年に8つの学会（日本内科学会，日本肥満学会，日本動脈硬化学会，日本糖尿病学会，日本高血圧学会，日本循環器学会，日本腎臓病学会，日本血栓止血学会）に策定されたMetSの診断基準よりも，厳しい内容になっています。また，MetSの定義は国

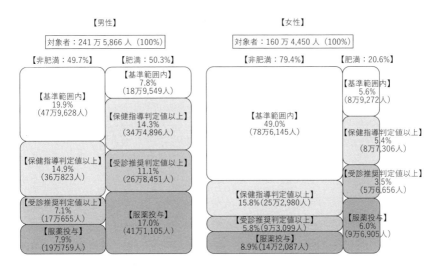

図 3　健康分布図からみた男女の健康状態（健康保険組合連合会，2020）

際的には複数存在しますが，女性の腹囲が男性の腹囲基準よりも大きいのは，日本だけです。特定健診の結果を見ると，女性は非肥満者が約80％ですが，その中で，保健指導，受診勧奨，服薬に該当する人は全体の30％にあたります。つまり，非肥満であっても動脈硬化性疾患のリスクを持つ女性が多いことがわかります。MetS は肥満者を対象とした予防施策ですが，このままですと女性の高リスク者を取りこぼす危険があります（図3）。

（3）ストレスチェックについて

　労働安全衛生法が改正され，2015年12月から毎年1回以上，事業者が行うことが義務になりました。労働者がセルフチェックを行い，ストレスが高い場合，医療者面談（主として産業医など）や職場の配慮が得られる，集団分析を行うことで職場環境の改善につながる，などが期待されています。

　しかし，女性特有の症状が含まれていないこと，女性に多い職場ストレス（セクハラなど），女性差別（雇用，昇進，昇格など），育児や介護と仕事の両立などの項目が含まれていないこと，など性差を踏まえた項目が不十分だと思われます。

　また，細かい点ですが，検査の点数評価に性差があること，国内データの集積が行政で行われていないことにより，性年齢別の分析が行われていないことが問題です。

（4）がん検診

　がん検診は，事業者義務ではないため，必ずしも職場では行われていません。健康保険組合ががん検診を実施するには，人間ドック補助を行い，その中にがん検診が入っている場合，受診先の医療機関で行っている場合，などがあります。

　国立がん研究センターのデータによれば，生涯でがんに罹患する確率は，男性62％，女性46％，生涯でがんにより死亡する確率は，男性25％，女性16％といわれており，男性のほうが罹患率，死亡率とも高いです。しかし，年齢階級別にみてみると，女性は20代後半から50代後半までがんの罹患率は男性を上回ります。子宮頸がん，乳がんがより若い年齢の女性に多いことがその原因です。

　年齢調整後のがんの罹患率，死亡率をみてみると，罹患率で増加しているのは，乳がん，子宮頸がん，子宮体がん，肺がん，大腸がん，卵巣がん，死亡率で上昇しているのは，乳がん，肺がん，大腸がん，卵巣がんなどです。一方，罹患率および死亡率が減少しているのは胃がんです。

　我が国のがん検診のガイドラインは表2のようになっています（国立がん研究センター，n.d.）。

　第24回がん検診の在り方に関する検討会（2018年5月24日開催）によれば，胃がん検診については，胃エックス線検査や胃内視鏡検査による胃がんの死亡率減少効果を検証したRCT（Randomized controlled trial：無作為化比較対照試験）は存在しないが，3つのコホート検査，胃エックス線検査により胃がん死亡率減少効果があった，とされています。

　子宮頸がんは，子宮頸部細胞診による検診はかなり以前から開始されており，死亡率の減少効果を示すRCTはありませんが，2つのコホート研究において，子宮頸部細胞診により子宮頸がん死亡率減少効果があったとされています。2020年からは，HPV（ヒトパピローマウイルス検査）も子宮頸がん予防ガイドラインに盛り込まれました。

　肺がん検診では，胸部エックス線検査と高危険群に対する喀痰細胞診併用法

表2　がん検診のガイドライン

種類	検査項目	対象者	受診間隔
胃がん検診	問診及びエックス線検査	40歳以上	年1回
子宮がん検診	問診，視診，子宮頸部の細胞診及び内診	20歳以上	2年に1回
乳がん検診	問診，視診，触診及び乳房エックス線検査（マンモグラフィ）	40歳以上	2年に1回
大腸がん検診	問診及び便潜血検査	40歳以上	年1回

※1　子宮がん検診：有症状者は，まず医療機関の受診を勧奨。ただし，本人が同意する
　　　　　　　　　　　場合には，子宮頸部の細胞診に引き続き子宮体部の細胞診を実施。
　　　　　　　　　　　平成15年度まで，対象者は30歳以上，受診間隔は年1回。
※2　乳がん検診　：平成15年度まで，対象者は50歳以上，受診間隔は年1回。

による肺がんの死亡率減少効果を検証したRCTは4報報告されており，6年間・13年間の追跡期間のいずれにおいても死亡率減少効果が認められなかったとされています。米国予防医学専門委員会（USPSTF）は，一定の喫煙歴がある人に対し，低線量CT検査を用いた年1回の肺がん検診を推奨するが，15年以上喫煙していない人に対しては，肺がん検診をやめるべきであるという勧告を出しています。

　乳がんは，5つのRCT研究のメタアナリシスでは，マンモグラフィにより，25％の乳がん死亡率減少効果があると報告されており，その後の3研究を含めた研究でも有効性が報告されています。乳腺超音波検査とマンモグラフィの併用は死亡率を減らす可能性はありますが，まだはっきりした結論は出ていません。

　大腸がんは，3つのRCTにおいて，便潜血検査により大腸がん死亡率減少効果があるとされています。

　では，がん検診は，なるべく若いうちに，たくさん受ければよいのでしょうか？

　がん検診のメリットとしては，早期発見・早期治療により，死亡率が減少することがあります。一方，がん検診で100％正しくがんが見つかるわけではなく，偽陰性（がんがあるのに，無いと診断されること），偽陽性（がんが無いのに，あると診断されること）があります。偽陽性の場合，不必要な診断や治療など過剰診療を行ってしまう可能性があります。また，がんという診断を受けて精神的にショックを受けてしまうこともあります。検査には感度（病気がある場合に，陽性となる率），特異度（病気がない場合に，陰性となる率）があります。

感度や特異度が高くても，検査する集団に病気が少ない場合は，正しく診断されない率が増えてしまいます。がんの頻度が少ない若年世代には過剰検査のリスクが高くなります。検診の利益・不利益を考慮して受検することが大事です。

(5) 予防接種

職域ではインフルエンザワクチン，また，医療従事者，海外長期滞在者はリスクに応じて，肝炎ウイルスや破傷風ワクチンなど，追加あるいは新たに予防接種をしている企業があると思われます。

自治体レベルでは，風疹ワクチンはある年代（1962年4月2日～1979年4月1日生まれ）の男性は，2022年3月31日まで風疹抗体検査と予防接種が無料で受けられるクーポン券が得られます。高齢者には肺炎球菌ワクチンが公費で行われています。ヒトパピローマウイルス（HPV）ワクチンは子宮頸がんワクチンで，小学校6年から高校1年女子が公費の対象となっています。

(6) 骨密度検診

職域で行っているところは稀だと思われます。女性に特化した人間ドックや，自治体において行われている場合があります。

(7) 月経関連疾患や更年期のカウンセリング，健康教育

生活習慣病，禁煙，がん，一般的なメンタル疾患に関しては，カウンセリングや健康教育が行われていると思われますが，月経関連疾患のカウンセリングや健康教育はほとんど行われていないのが現状です。

(8) ライフプランニング

母性保護に関する法律は古くから整っており，産前・産後休暇制度の認知率は高いです。しかしながら，キャリアプランニングの研修はあっても，ライフプランニングに関しては職域ではほとんど何も行われていません。避妊，妊娠，不妊に関する情報に関しては，個々に任されているのが現状です。

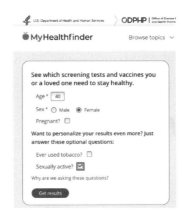

図4 MyHealthfinder の入力画面

7 米国予防医学専門委員会による予防医療

　米国には，職域健康診断はありません。米国予防医学専門委員会（U.S. Preventive Services Task Force）では，すべての人を対象に，健康診断，予防接種，カウンセリングに関し，根拠に基づく推奨基準を掲載しています。

　例えば，MyHealthfinderというサイト（図4）に，年齢，性，喫煙，性活動などを入力すると，推奨される健康診断や予防接種が出てきます。例えば，40歳，女性，喫煙なし，性活動あり，を入力すると，以下のようなチェック項目が出てきます。

□季節性インフルエンザワクチンを接種する

□C型肝炎の検査を受ける

□女性のための医療機関を受診する

□うつ病について医師と話す

□子宮頸がんの検査を受ける

□3年ごとにPapテスト（子宮頸がん細胞診）を受ける（PapテストとHPVテストを受ける場合，代わりに5年ごとにスクリーニングを受けることができる）

□血圧をチェックする

□関係者による暴力があるか注意する
□HIVの検査を受ける
□アルコールの使用について医師に相談する
□その他の必要な予防接種を受ける
□喫煙をやめる
□避妊について医師に相談する

　また，家族歴や生活習慣にリスクがある場合は，以下のような項目がチェックされます。

□体重管理をする
□梅毒の検査を受ける
□心臓発作や脳卒中のリスクを下げる薬の服用について医師に相談する
□乳がんまたは卵巣がんが家族に発生した場合は，医師に相談する
□健康的な食事の助けを借りる
□B型肝炎の検査を受ける
□クラミジアと淋病の検査を受ける
□2型糖尿病の検査を受ける
□潜在性結核感染症（LTBI）の検査を受ける

　我が国にも，こうした包括的なチェックリストがあるとよいと思います。

8 非正規雇用の課題

　女性は男性に比べ，非正規雇用率が高いのが特徴です。千葉産業保健推進センター（2009）が行った調査では，定期健康診断の受診率は，正規雇用者78.6%，パート労働者74.1%，派遣労働者27.3%，保健指導の実施率は正規雇用者78.6%，パート労働者69.6%，派遣労働者29.1%でした。
　非正規労働者の健康診断は，①雇用されている事業所で行う，②派遣社員の場合は，派遣元で行う，③配偶者あるいは家族の健康組合の被保険者として行う，④国保で行う，など複数のパターンがあり，男性よりも複雑です。女性は，

結婚や出産などにより，離職，再就職などの機会が多いことや非正規雇用が多いため健康診断のデータの継続性が乏しく，離職してしまうと定期健康診断を受けなくなる場合も多いです（井上ほか，2011）。

　女性が継続して健康支援を受けるためには，企業，健康保険組合，自治体が協力し，一貫してデータを蓄積することも検討する必要があるでしょう。

　次項からは，働く女性の健康にかかわる問題について，7人の女性のケーススタディを交えて紹介していきます。どのケースも働く女性の皆さんに起こりうる問題です。

　男性読者の皆さんは，職場の同僚や部下，上司，ご家族（妻や子ども）に，そして女性読者の皆さんはご自身の身にも起きる可能性のある問題ととらえて読んでいただきたいと思います。

〈文献〉

千葉産業保健推進センター（2009）千葉県の企業における非正規雇用者の健康管理の実態と課題.（https://www.chibas.johas.go.jp/static/pdf/chousa20.pdf［2021年7月28日閲覧］）

井上まり子，錦谷まりこ，鶴ヶ野しのぶほか（2011）非正規雇用者の健康に関する文献調査. 産業衛生学雑誌 53；117-139.

女性の健康推進室 ヘルスケアラボ（n.d.）（https://w-health.jp/［2021年7月28日閲覧］）

働く女性の健康応援サイト（n.d.）（https://joseishugyo.mhlw.go.jp/health/index.html［2021年7月28日閲覧］）

健康保険組合連合会（2020）平成30年度 健診検査値からみた加入者（40-74歳）の健康状態に関する調査.（https://www.kenporen.com/toukei_data/pdf/chosa_r02_11_04-2.pdf［2021年7月28日閲覧］）

国立がんセンター 社会と健康研究センター（n.d.）【検診研究部】科学的根拠に基づくがん検診推進のページ.（http://canscreen.ncc.go.jp/index.html［2021年7月28日閲覧］）

厚生労働省（2018）第24回がん検診のあり方に関する検討会（2018年5月24日）.（https://www.mhlw.go.jp/stf/shingi/other-kenkou_128563.html［2021年7月28日閲覧］）

厚生労働省（2019）日本の健診（検診）制度の概要.（https://www.mhlw.go.jp/

content/10601000/000511508.pdf［2021 年 7 月 28 日閲覧］)

United Nations Human Rights Office of the high commissioner（OHCHR）(n.d.)
Sexual and reproductive health and rights.（https://www.ohchr.org/en/issues/women/
wrgs/pages/healthrights.aspx［2021 年 7 月 28 日閲覧］)

U.S Department of Health and Human Services Office of Disease Prevention and Health
Promotion（n.d.）MyHealthfinder.（https://health.gov/myhealthfinder［2021 年 7 月
28 日閲覧］)

U.S. Preventive Services Task Force（n.d.）（https://www.uspreventiveservicestaskforce.org/
uspstf/［2021 年 7 月 28 日閲覧］)

WHO（2013）Preconception care : Maximizing the gains for maternal and child health.
（https://www.who.int/maternal_child_adolescent/documents/preconception_care_
policy_brief.pdf［2021 年 7 月 28 日閲覧］)

①　はるさんのケース

はるさんは25歳。22歳から現在の職場（IT関連企業）に勤めています。定期健康診断では毎回，貧血を指摘されていましたが，毎年のことなので放置していました。がん検診は健康保険組合からの補助があり，20歳以上は子宮頸がん検診を受けられることになっていますが，一度も受けたことはありません。最近，業務が忙しく，帰宅も遅くなりがちです。食欲がないので，朝食を抜き，昼食もコンビニの春雨サラダやヨーグルトを食べればよいほうで，食べない日も多々あります。夕飯も簡単に済ませ，しっかり休養を取るためになるべく12時には寝るようにしているのですが，足がむずむずして寝つけないこともあります。爪が割れたり，髪の毛が抜けるようになったのも気になっています。入社してから体重は2kg減ってしまいました。月経は定期的に来ていますが，月経痛が強く，鎮痛剤を飲んでも痛みが治まらないことがあります。生理休暇は男性上司の許可が必要なため，取りにくさを感じ一度も取ったことがありません。ある朝，通勤ラッシュの電車内で動悸がして，目の前が真っ白になり倒れてしまいました。それ以来，時々同じような症状が起こり，通勤が怖くなっています。

　ここでは，**月経の仕組み，月経困難症，やせと貧血，月経と仕事**について取り上げます。

① 月経の仕組み

　初経年齢は次第に低くなっており，現在は12歳ごろと言われています。女性ホルモン分泌のピークは30歳ごろで，その後年齢とともに低下し，閉経を迎えます。日本人の平均閉経年齢は50.5歳と言われています。初経からしばらくは不順だった月経も20歳ごろから周期が整ってきます。現代女性は初産年齢が高く，出産数も少ないので，経口避妊薬（OC），低用量エストロゲン・プロゲスチン配合薬（LEP）という，いわゆる「ピル」を使わない場合は，生

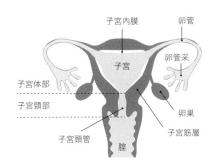

図1　女性の生殖器

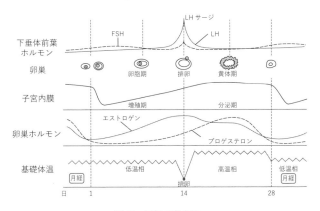

図2　月経の仕組み

涯450〜500回の月経を経験します。

　女性の性器は，からだの表面にみえる外性器と，身体の内部にある内性器とに分けられます。内性器は，子宮，卵巣，卵管，腟などからなり，骨盤底筋という筋肉によって支えられています。

　子宮は電球のような形で鶏卵大です（図1）。子宮の上部から卵管が両側に延び，左右の先端は卵管采というひらひらした形になっています。子宮の左右にそれぞれある卵巣はウズラの卵くらいの大きさで，月経や妊娠・出産，閉経に重要な働きをする臓器です。

　月経はだいたい28日周期ですが，この周期は脳の中にある視床下部と脳下垂体の命令を受けています。視床下部からゴナドトロピン放出因子

（Gonadotropin Releasing Hormone：GnRH）が分泌され，脳下垂体に卵胞刺激ホルモン（FSH）や黄体化ホルモン（LH）を分泌するように命令します。FSHが卵巣を刺激し，眠っていたいくつかの原子卵胞を成熟させ，そのうちの1個が14日かけて直径約20mmの成熟細胞になります。この間，卵胞からは卵胞ホルモン（エストロゲン）が分泌され，このホルモンの働きで子宮内膜が肥厚してきます。

　エストロゲンの量がピークに達すると，脳下垂体のFSHが抑制され，同時にLHが急激に大量に分泌されます（これをLHサージと言います）。このLHの大量分泌が刺激となり，卵子は卵胞を破って卵巣の外に飛び出します（排卵）。卵子は卵管采にキャッチされ，卵管内を子宮に向かって移動していきます。この際に精子が到着し，受精がおこれば妊娠になりますし，受精しなければ，子宮内膜がはがれて子宮外に出されます。これが月経です。卵子が飛び出した後の卵胞は黄色く変化し（黄体といいます），黄体ホルモン（プロゲステロン）を分泌します。

　このように視床下部−下垂体−卵巣はお互いに影響しながら絶妙なバランスで月経という周期をつくり出しています。月経はホルモンの動きから4つのステージに分けられます。

　最初の7日間は「月経期」で，少し憂鬱で，腹痛や便秘などが起こります。8〜14日目は「卵胞期」で，エストロゲンが増えて，子宮内膜が受精に備えて次第に厚くなってきます。皮膚はなめらかになり，瞳が輝き，考え方も積極的に，身体能力も高まるといわれています。約14日目頃が「排卵期」で排卵が起こり，受精の有無が決定されます。14〜21日目は「黄体期」です。受精が起これば妊娠に向かいホルモンが増え続けます。受精が起こらなければ月経に向かいエストロゲンは次第に低下し，プロゲステロンが増えますが，21日ごろからプロゲステロンも次第に減少してきます。この時期に，イライラ，怒りっぽい，抑うつ気分，むくみ，頭痛などの月経前症候群（PMS）が現れる人もいます。

② 月経困難症，子宮内膜症，子宮腺筋症，子宮筋腫

　月経の時に，下腹部痛，腰痛，吐き気，頭痛などの症状が起こるのは，若年に多く，20代で約35%，30代で約30%，40〜44歳で約20%と報告されています。

　月経痛がひどくて学校や仕事に行けなくなるなど，日常生活に支障をきたす場合を月経困難症といいます。月経困難症には，子宮や卵巣に異常がないもの（機能性）と子宮内膜症や子宮筋腫などの疾患によるもの（器質性）の2種類があります。

(1) 子宮内膜症

　子宮内膜症は，子宮内膜に似ている組織が腹膜，卵巣，ダグラス窩（直腸と子宮の間）などにできて増殖していく病気です。子宮内膜は月経周期に従ってはがれて出血しますが，同様なことがこうした組織で起こるため，痛みが起こります。卵巣に起こった場合は，卵巣チョコレート嚢腫などができることがあり，不妊の原因になるだけではなく，がん化する可能性もあります。

　子宮内膜症の診断は，①内診（内診は，検査を受ける人が仰向けで両脚を開いた状態になり，医師が片手を腟の中，もう片方の手をおなかの上から当てて，子宮や卵巣の状態を見る検査のことを言います），②腹部や経腟超音波検査，③MRI（核磁気共鳴法），④血液のCA125測定（CA125は卵巣がんの腫瘍マーカーですが，子宮内膜症や腺筋症の診断に使われることもあります）などがあります。

　子宮内膜症の治療は，薬物治療としては，鎮痛剤や漢方薬，ホルモン療法が行われます。ホルモン療法としては，OC/LEP，黄体ホルモン，子宮内黄体ホルモン放出装置（IUS），GnRHアゴニスト，低用量ダナゾール，プロゲスチン薬などがあります。手術としては，子宮内膜を剥離したり焼却したりする方法があります。また，チョコレート嚢腫は大きくなると手術が必要になります。

(2) 子宮腺筋症

　子宮内膜様組織が子宮筋層の中にできる病気です。激しい月経痛や過多月経を起こしやすいです。治療は，子宮内膜症の治療とほぼ同じです。

(3) 子宮筋腫

　子宮筋腫は，30代頃から増えてくる頻度の多い病気です。月経痛や過多月経，不妊を起こす場合があります。子宮筋腫の治療は，妊娠の希望や症状の強さ，年齢に応じて決められます。閉経が近づくと子宮筋腫は小さくなることが多い

ので，そのまま様子をみることもあります。

　薬物治療としては，鎮痛剤や漢方薬，ホルモン補充療法などが行われます。過多月経が続き，鉄欠乏性貧血になっている場合は鉄剤を使います。手術では，筋腫核出手術（筋腫部分だけ取り除きます。腹腔鏡下手術も行われています）や子宮全摘手術，また，子宮動脈塞栓術といって，足の付け根から動脈に細い管（カテーテル）を通し，筋腫に栄養を送る動脈を詰まらせ血液の流れを断つことで筋腫を小さくする治療法も用いられる場合があります。

③ ホルモン治療について

(1) OC/LEP（ピル）

　月経困難症，子宮内膜症，子宮腺筋症，場合によっては子宮筋腫にもOC/LEPが有効であることがわかっています。日本では，OCとLEPは同じなのですが、避妊として処方される場合は自費でOC，月経困難症の治療薬として保険の適応になっているものをLEPとしています。ホルモン製剤を服用することで，卵巣からの女性ホルモンの分泌を抑え，排卵が起こらず，子宮内膜の増殖も抑えてくれます。

　実は，OC/LEPの効用は避妊や月経困難症だけではありません。月経周期が整う，何か用事があるときに月経の時期をずらす，月経量が少なくなるので貧血を防ぐ，月経のホルモンの変動を抑えられるので精神症状を抑える，にきびや多毛を抑える，子宮内膜症の悪化を抑える，長期的に服用すると卵巣がん・子宮体がん・良性乳腺疾患のリスクを減らす，骨粗鬆症になりにくくなる，関節リウマチの予防になるなど，良いこと（副効用といいます）がたくさんあります。

　副作用には，吐き気，不正出血，頭痛，むくみなどがあり，また，高血圧や喫煙者，前兆を伴う片頭痛の人，家族の中に血栓症が多い方には注意が必要です。服用後，激しい頭痛，胸痛，腹痛，下肢痛，舌のもつれ，ものが見えにくくなるなどの症状を起こした場合は，ただちに医療機関への受診が必要です。

　けれども10万人の女性が1年間に死亡するリスクを考えた場合，健康な非喫煙者の女性がOC/LEPで死亡する確率は1人です。交通事故は8人，喫煙による死亡は167人と，他の原因に比べて大変少ないです。中止すれば月経は戻っ

てきますし，妊娠も可能です。

　現在日本で利用できるOC/LEPは少しずつ種類が増えてきています。通常は1か月ごと休薬あるいは偽薬（ホルモンが入っていない薬）を服用して，月経を起こさせ，また次のシートの服用を開始することになっています。しかし，最近は連続服用（84日，120日）の薬剤も出てきたので，より，少ない月経数で過ごすことができるようになりました。

　こうした副効用があるにもかかわらず，日本人のOC利用率は2.9％とフランス33.1％，英国26.1％，米国13.7％などに比べると，著しく低いのが現状です。日本女性がOC/LEPを使わない理由としては，月経は自然であるべき，ピルは副作用があって怖い，親世代の使用経験がないので，年長者が勧めない，あるいは反対する，医療者でもピルに関して必ずしも詳しくないので勧めない，などがあげられます。また，OCは自費，LEPは保険診療と保険上の取り扱いも微妙ですし，処方が必要なので，婦人科受診のハードルが高い，なども大きな理由だと思われます。

　OC/LEPに関し，教育の機会がないまま成人になっている方がほとんどです。これを機会に，OC/LEPを学び，活用してみてはいかがでしょうか。

(2) GnRHアナログ製剤

　GnRHアゴニスト（スプレキュア®，ナサニール®，リュープリン®など），あるいはGnRHアンタゴニスト（レルミナ®）は，視床下部ホルモンGnRHの働きを抑えることで，女性ホルモンの分泌を抑制します。更年期症状，うつなどの症状が出る場合があり，使用期間は6か月以内，さらに使う場合は間をあけることになっています。子宮内膜症，子宮筋腫，閉経前乳がんなどに使われます。

(3) プロゲスチン製剤

　最近注目されているのが黄体ホルモンです。ジエノゲストは第四世代の黄体ホルモンと言われており，OC/LEPが使えない人も使用可能で連続服用ができます。また，IUS（Intra Uterine System）は，黄体ホルモンを子宮の中に持続的に放出する子宮内システムで，子宮の中に入れて使用します。一度挿入すると最長で5年間効果が持続します。ミレーナ®などが具体的な商品名ですので

聞いたことのある方もいるかもしれません。月経困難症，子宮内膜症などに使われます。

④ 漢方薬について

　子宮内膜症に限らず，女性の不調には漢方薬がよく使われます。実証，虚証および気血水などによって，体質や病気の状況に応じて処方されます。一般的に実証は元気そうな人，虚証は弱々しい人，気虚は活気を失った状態，気鬱（気滞）は気持ちが落ち込んだ状態，血虚は貧血のような状態，瘀血は血が滞った状態，水毒（水滞）はむくんだ状態と考えられています。女性によく使われるのは桃核承気湯，桂枝茯苓丸，当帰芍薬散，温経湯，加味逍遙散などです。

⑤ やせ，貧血

　はるさんの健康診断の結果は，BMI17.5で痩せ，赤血球数350万/μl，ヘモグロビン9.8g/dlで貧血が認められました。
　BMIは肥満度を表す指標として国際的に用いられている体格指数で，［体重（kg）］÷［身長（m）の2乗］で求められます。日本肥満学会の定めた基準では18.5未満が「低体重（やせ）」，18.5以上25未満が「普通体重」，25以上が「肥満」に分類されます。

(1) やせ
　女性のやせは徐々に増えており，BMI18.5未満は，20代で26.7％，30代で16.4％，40代で12.9％と，中年層にも広がっています。実は若年男性のやせも増えており，15〜19歳男性のやせは16.3％でした（厚生労働省，2020）。
　若年期のやせは何が問題なのでしょうか。若年期の栄養不足は，①貧血，無月経（妊娠中や授乳中ではないのに3か月以上月経がない状態），メンタルヘルス不調を起こすことがある，②母体がやせていると低出生体重児が生まれるリスクが高くなる（低出生体重児は，成人してから精神神経の発達が遅れたり，糖尿病，高血圧，脂質異常症などの生活習慣病が多くなったり，心筋梗塞など心疾患や脳卒中を起こしたりする），③骨の栄養が少ないので，高齢になって

から骨折しやすくなる，など次世代や生涯の健康に影響を及ぼします。

　無月経を長期間放置してしまうと，卵巣の機能が戻りにくく，治療にも時間がかかります。無月経が続く場合は，早めに専門医を受診しましょう。

　2016年に行われた「第3期まるのうち保健室の報告書」（三菱地所・ラブテリ，2016）によれば，女性の対象者740人の半数以上が週40時間以上の残業があり，朝食欠食率は36%，タンパク質，鉄分，カルシウム，ビタミンB_1，食物繊維は90%以上が食事摂取基準の推奨摂取量を満たしておらず，ビタミンCは60%，葉酸は40%が不足状態にありました。労働時間が長いほど，栄養不足であり，栄養不足があると冷え，肩こり，むくみ，疲労，メンタルヘルス不調の頻度が多いことが報告されています。

（2）貧血

　国民健康・栄養調査（厚生労働省，2020）によれば，日本女性のほとんどが鉄欠乏であることがわかっています。そもそも鉄分の摂取基準推奨量は一日10.5mgのところ，20代では6.8mg，30代は6.8mg，40代は7.1mg，50代は7.6mg，60代は8.6mgしか摂れていません。

①鉄欠乏性貧血の診断

　鉄欠乏性貧血は，ヘモグロビン（Hb）＜12g/dl，平均赤血球容積（MCV）＜80flで疑いがあり，貯蔵鉄である血清フェリチン値＜12ng/ml，およびTIBC≧360μg/dlであれば確定診断となります。ヘモグロビンの値は正常でも貯蔵鉄がかなり減っている「隠れ貧血」の状態である場合が多いので注意が必要です。

（3）女性にとって重要な栄養について

　栄養はすべての年齢を通じて大事です。女性は若年期，妊娠・出産，更年期，老年期とライフサイクルに応じて，必要な栄養素が異なります。以下に，栄養に関して概説します。

①たんぱく質

　血液検査で，BUN，γGTP，総タンパクを測定していた場合（職場の健康

診断には γ GTP 以外の指標は含まれません），BUN 15 mg/dl 未満，γ-GTP 15 IU/l 未満，総タンパク 7 g/dl 未満はたんぱく質が少ない可能性があります。タンパク質は，全身の老化防止，疲労回復，コラーゲンを作る，脳の衰えを防ぐ，貧血や冷えを改善する，さまざまなホルモンや酵素の材料となる，栄養素を運搬する，など体づくりの基本となります。

　18歳以上の女性は1日に50 g，妊娠中期は60 g，妊娠後期では75 gものたんぱく質を摂ることが推奨されています。ちなみに，牛もも肉100 gでたんぱく質19.2 g，鶏もも肉100 gで16.6 g，豚ヒレ肉100 gで22.2 g，紅鮭1切れで15.8 g，卵1個で8.3g，牛乳200 mlで6.6gです。ごはん1杯は3.8 g，食パン6枚切り1枚で5.6 gなどですので，肉魚乳製品がたんぱく質を効率よく摂ることができます。

　注意しなくてはいけないのは，タンパク質の組成，アミノ酸スコアです。人間はいくつかのアミノ酸を自分で作ることができず，こうしたアミノ酸を「必須アミノ酸」と言います。必須アミノ酸がひとつでも必要量を満たしていないと十分なタンパク質がつくれません。卵はアミノ酸スコア100と良質なたんぱく源ですが，精白米は65，パンは44と言われています。

②炭水化物
　炭水化物は1日に食事から摂取するエネルギー（kcal）の50〜65%摂るのが適当とされています。一日の摂取エネルギーが1,600kcalの場合，200〜260gくらいの炭水化物を摂取することが望ましいということになります。炭水化物には，糖質や食物繊維がありますが，糖質の摂りすぎは肥満の原因になります。糖質はエネルギーの源ですから，あまりにも制限すると疲労しやすい，頭がまわらない，皮膚荒れ，などの症状が出ます。単糖類や二糖類（砂糖や甘い飲み物など）は吸収が速く，血糖値の乱高下（血糖スパイクと言います）の原因になり，体調にも悪い影響を与えます。玄米や黒パンなどのほうが糖の吸収が穏やかでミネラルやビタミンも含まれています。炭水化物の前に，サラダやヨーグルトなどを食べることも血糖の急激な上昇を抑えることができます。

③脂質
　脂質は1日に食事から摂取するエネルギー（kcal）の20〜30%摂るのが適当

とされています。脂質は，細胞膜を作るには欠かせませんし，保温や外力から
の保護，ホルモンの材料，エネルギーの貯蔵，脂溶性ビタミン（ビタミンA・D・
E・K）の吸収などに重要です。脂肪は数多くの脂肪酸からできており，飽和
脂肪酸と不飽和脂肪酸があります。飽和脂肪酸は肉類，チーズ，チョコレート
などに，不飽和脂肪酸は植物性脂肪や魚に多く含まれます。リノール酸，リノ
レン酸，アラキドン酸は人間が自分で作ることができない多価不飽和脂肪酸で
す。オメガ3（αリノレン酸，EPA，DHAなど）とオメガ6（リノール酸，ア
ラキドン酸など）の比率が大事だといわれており，少なくなりがちなオメガ3
を摂るように気をつけましょう。

④ビタミン

◆**ビタミンC**：長い航海中，出血で死亡する壊血病が多かった大航海時代に，
ビタミンCを含む柑橘類を食べることでその予防ができることがわかりまし
た。ビタミンCの重要な働きはコラーゲンの生成で，皮膚，筋肉，骨，血管
を健康に保つために重要です。ヒトはビタミンCを体内で作れないため，成
人では1日の摂取推奨量が100mg（2015年版食事摂取基準）とされています。
心身にストレスがかかると大量に消費されるため，補給が大事です。シミ，
ソバカスを防ぎ，風邪の予防や免疫力の強化にも役立つといわれています。
強い抗酸化力を持つので，ビタミンEと一緒に服用することで動脈硬化や老
化を防ぐことができるともいわれています。

◆**ビタミンB₁**：「疲労回復のビタミン」と言われており，ブドウ糖からATPと
いう体の中のエネルギー通貨を作り出す過程で必要なビタミンです。足りな
いとエネルギー不足になり疲労しやすく，長期間不足すると脚気，心不全，
記憶障害などを起こします。一日の推奨量は1mg程度で，胚芽，豚肉，そば，
たらこなどに多く含まれています。

◆**ビタミンB₂**：「発育のビタミン」と言われ，発育に重要な役割を果たすほか，
皮膚，髪，爪に重要なビタミンで，不足すると口角炎，口内炎，角膜炎など
を起こします。1日の推奨量は1〜1.5mgで，肉，魚，卵，乳製品に多く含
まれています。

◆**ビタミンB₃**：ナイアシンもと呼ばれており，ニコチン酸とニコチンアミド
の総称です。皮膚や神経・脳にとって重要で，不足すると皮膚病，下痢，不

眠，神経過敏，妄想などの症状を起こします。1型糖尿病や脂質異常症，耳鳴り，めまいなどにも使われることがあります。1日の推奨量は10mgくらいで，海産物，ナッツ，シリアルなどに含まれています。

◆**ビタミンB6**：ビタミンB6は，アミノ酸の代謝を助けています。免疫，皮膚，赤血球のヘモグロビンや神経伝達物質の合成，脂質の代謝にも関わっており，月経前症候群の治療に有効とされています。抗生物質の長期服用で欠乏することがあり，不足すると貧血，口内炎，うつや神経症，不眠などが起こります。一日の推奨量は1〜1.5mgで，魚，肉，穀物，シリアル，バナナ，プルーンなどから摂ることができます。ヒトは腸内細菌で作ることができます。

◆**ビタミンB12**：ビタミンB12は核酸代謝に重要なビタミンで，不足すると貧血や神経障害を起こします。胃の手術をした人はビタミンB12の吸収に必要な物質が作られなくなるので，不足しやすくなります。一日の推奨量は2〜2.7mgで，魚，肉，卵，乳製品に多く含まれていますが，野菜には含まれていません。

◆**ビタミンA**：ビタミンAは，視力，味覚，嗅覚の維持，髪や皮膚の健康，呼吸器疾患の抵抗力などに役立ちます。しわ予防の化粧品としても使われています。一日の推奨量は650〜700μgRAEです。脂溶性ビタミンなので，体内に蓄積します。過剰摂取には注意すること，特に妊婦は注意しましょう。

◆**ビタミンD**：ビタミンDは骨と歯，筋肉，神経の健康に重要です。日光に当たると皮膚で作られますが，屋外に出ない人は食事から摂ることが必要です。窓越しの光では効果がありません。ビタミンDが不足すると，子どものころはくる病，中高年からは骨粗鬆症のリスクが高まります。一日の推奨量は5.5〜8μgです。きのこ類，魚介類，卵類，乳類に多く含まれています。

◆**ビタミンE**：ビタミンEはいくつかの種類がありますが，効果の高いものはαトコフェロールというものです。ビタミンEには強い抗酸化性作用があり，動脈硬化予防に役立ちます。貧血や生殖機能にも強い関わりがあります。不足すると，冷え性や頭痛，肩こり，しみ，しわなどが出やすくなります。一日の推奨量は6.5〜7mgで，アーモンドなどの種実類，油脂類，穀類，魚介類，豆類，野菜類などに多く含まれており，油脂と一緒に摂ると吸収が高まります。脂溶性ビタミンなので摂りすぎには注意が必要です。

◆**葉酸**：葉酸は「造血のビタミン」と言われています。また動脈硬化を予防す

るともいわれています。一日の推奨量は240μg，妊娠を計画している，あるいは妊娠している女性は，胎児の神経管閉鎖障害のリスクを低減するために，さらに240μgの追加摂取（合計480μg）が推奨されています。葉酸は，藻類，肉類，野菜類，卵類，乳類，豆類などに多く含まれています。

⑤ミネラル

◆鉄：鉄はヘモグロビンの合成，ATPの合成に重要なミネラルです。一日の推奨量は，月経のある18〜49歳の女性で10.5mg，50〜64歳の女性で11.0mg，65歳以上の女性で6.0mgです（妊婦初期は＋2.5mg，妊婦中・後期＋9.5mg，授乳期は＋2.5mg）。鉄分が不足すると鉄欠乏性貧血やエネルギー不足になり，疲労，抑うつ，立ちくらみ，息切れ，爪や髪の質が悪くなる，ムズムズ脚などの症状がでます。鉄分は，ヘム鉄の多い，肉類，魚介類，非ヘム鉄の多い藻類，野菜類，豆類から摂ることができます。ヘム鉄のほうが吸収が良いです。鉄は過剰摂取をすると害があるといわれていますが，消化管からの吸収率は低いので，通常の食事やサプリでの摂取についてはほとんど心配することはありません。鉄欠乏性貧血と診断された場合は，鉄剤をしっかり服用し，合わせてたんぱく質やビタミンCも摂るようにしましょう。

◆亜鉛：亜鉛はタンパク質やDNAの合成に重要なミネラルです。骨，肝臓，腎臓，インスリン合成，精子などに必須のミネラルです。活性酸素の除去や味覚，免疫反応にも関わっています。不足すると，味覚異常，貧血，食欲不振，皮膚炎，生殖機能の低下，慢性下痢，脱毛，免疫力低下，低アルブミン血症，神経感覚障害，認知機能障害などのさまざまな症状が現れます。一日の摂取推奨量は8mgで，魚介類，肉類，藻類，野菜類，豆類，種実類，特にかきやうなぎの蒲焼に多く含まれています。

◆マグネシウム：マグネシウムは栄養素の代謝，神経や筋肉などに対しさまざまな働きをしています。マグネシウムが不足した場合には，不整脈が生じやすくなり，慢性的に不足すると虚血性心疾患，動脈硬化症などのリスクが高まります。また，吐き気，うつや不安，頭痛，筋肉がつる，なども起こります。長期的なマグネシウムの不足が，骨粗鬆症，心疾患，糖尿病，高血圧などに関わっていることも報告されています。一日の推奨量は270〜300mgで，藻類，魚介類，穀類，野菜類，豆類などに多く含まれています。にがりにも

マグネシウムが含まれています。

◆**カルシウム**：カルシウムは，骨や歯，筋肉，神経，血液凝固などに関わっています。一日の推奨量は650mgですが，日本女性は不足気味です。カルシウムは，魚介類，藻類，乳類，豆類，種実類，野菜類に多く含まれます。

6　月経と仕事

　はるさんは，業務が多く，残業が続いており，月経痛がひどいにもかかわらず，生理休暇も申請できていないようです。

(1) 生理休暇

　生理休暇とは，生理痛などで働くことが困難な女性従業員が，使用者に請求して休暇を取得できる制度で，働く女性を保護するため，1947年に制定された労働基準法第67条（現在は68条）に盛り込まれました。当時，男女平等の立場をとっていたGHQは法制化に反対しましたが，女性教員，工員などの要求に押されて制定されたと言われています。同時に月経を医療化せず，自然のものとして扱うとしており，その考え方が，ピルの使用が少ない原因の一つかもしれません。

　雇用形態を問わず申請することが認められていますが，休暇日数や休暇中の賃金の支払いに関しては各事業所に任せられています。また，診断書は不要とされています。生理休暇の取得率は年々低くなっており，1965（昭和40）年度の調査では26.2%，1985年には9.2%，2004年に1.6%となり，2014年度の調査では0.9%でした。その理由として「取得しづらいため」と答えた割合は38.1%でもっとも多く，次いで「休むほどのことではないため」（33.0%），「生理休暇のかわりに年次有給休暇を使用するため」（23.7%）となっていました。

　生理休暇に関しては，男女平等に反するという意見や母性保護を重視するために必要という意見の両者があります。法律が制定された頃と職場や医療も変化しています。それぞれの立場で今後の生理休暇について検討してみてはいかがでしょうか。

（2）長時間労働対策

　2019年４月から，働き方改革を推進するための関係法律の整備に関する法律の施行にともない，労働基準法や労働安全衛生法などが改正され，時間外労働，年休の消化，長時間労働に関する産業医面談の強化，などが決定されました。

　時間外労働が月80時間を超え，さらに本人からの訴えがある場合は，産業医面談を行わなくてなりません。また，産業医面談を行うにあたり，事業者は産業医に必要な情報を提供しなくてはならない，と定められました。産業医面談に基づいて行われた勧告は事業者に伝えられ，速やかにしかるべき措置をとること，また，とらなかった場合はその理由を示すこと，衛生委員会にて勧告内容や措置（あるいは措置をとらなかったこと）を公表すること，となりました。

はるさんが始めたこと

　はるさんは，最近の自分の生活を振り返ってみました。仕事に追われ，食事や睡眠がおろそかになっていたこと，月経周期や気分の変化にも無関心で，自分の心身に対し優しくなかった，と思いました。

　朝食はヨーグルト，卵，納豆などタンパク質が豊富なものを摂るようにし，鉄剤も飲み始めました。婦人科に行くのは抵抗がありましたが，初めて受診した婦人科では，丁寧な診察や説明があり，ほっとしました。大きな病気はないことがわかりましたが，しばらくLEPを使うことになりました。最初の１か月はむかむかしましたが，３か月目にはむかつきはなくなり，月経痛は軽くなり，月経量も少量になりました。つい人に頼めなくて抱えこみがちだった仕事も，周囲に相談し，残業時間を短くするようにしました。帰宅が早くなったことで，夕食を作ることができるようになり，入浴する余裕も生まれました。

職場への要望：生理休暇は必要ではない状態になりましたが，皆で話し合い，生理休暇を「健康休暇」という名称にし，健診や不妊治療など男女とも健康に関する休暇として請求できるようにしました。会社の産業保健スタッフに女性の健康についてのセミナーを女性だけではなく，男性や管理職を対象に開催してもらうよう要望も出しました。

〈文献〉

厚生労働省「日本人の食事摂取基準」策定検討会（2019）日本人の食事摂取基準（2020年版）―「日本人の食事摂取基準」策定検討会報告書．(https://www.mhlw.go.jp/content/10904750/000586553.pdf ［2021年7月28日閲覧］)

厚生労働省（2020）国民健康・栄養調査（令和元年）．(https://www.mhlw.go.jp/bunya/kenkou/kenkou_eiyou_chousa.html ［2021年7月28日閲覧］)

三菱地所株式会社，一般社団法人ラブテリ（2016）2016年度 第3期まるのうち保健室報告書―働き女子白書．(https://shokumaru.jp/hokenshitsu/report2016/ ［2021年7月28日閲覧］)

日本産科婦人科学会，日本女性医学学会（2021）OC・LEPガイドライン2020年度版．日本産科婦人科学会，日本女性医学学会．

United Nations（2019）Contraceptive Use by Method 2019．(https://www.un.org/development/desa/pd/sites/www.un.org.development.desa.pd/files/files/documents/2020/Jan/un_2019_contraceptiveusebymethod_databooklet.pdf ［2021年7月28日閲覧］)

② さつきさんのケース

> さつきさんは30歳。家庭用品メーカーの営業職として働いています。以前から月経不順で，2か月ほど月経が来ていませんでした。朝方，気持ちが悪い日が何日か続き，産婦人科を受診したところ，妊娠を告げられました。営業部の社員は少なく，広域の20社を担当しています。移動時間も長く，帰宅も遅くなりがちでした。つわりがだんだんひどくなったため，上司に妊娠を告げたところ，「だから女は困るんだ」，「誰も穴埋めできる人はいない」，「妊娠は迷惑だ」などと言われてしまいました。部署内の40代の男性が，風疹と診断されて休んでいることも気になっています。担当業務や労働時間の配慮もなく，日々疲労が重なっていきました。ある日，移動中に急激な腹痛が起こり，出血を認めたため，緊急入院となってしまいました。

　ここでは，**妊娠，風疹，母性保護，マタニティハラスメント**，そして，同年代の課題として，**性感染症，避妊**について取り上げます。

１ 妊娠について

　第2章で述べた経済産業省の調査では，妊娠・出産が原因でキャリアを諦めた，休業や退職をした，と回答した20〜30代の女性は20〜30%でした。徐々にM字カーブの底は浅くなっていますが，妊娠・出産・子育ては女性のキャリア形成に大きな影響を及ぼします。

　妊娠は，卵巣から飛び出した卵子が子宮を上行してきた精子と卵管の中で受精し，受精卵が卵管を通って子宮内膜に到達し，着床することで成立します。

　最終月経の開始日を妊娠週数0週として数え，40週を出産予定日，妊娠0〜15週を初期，16〜27週を中期，28〜39週を後期と分けています。

(1) 働く女性の妊娠・出産の流れ

　妊娠はどのような経過をたどるのでしょう。また，職場にはどのように伝え

ればよいでしょうか。表 1 に出産までの流れについて，職場への対応などを含めてまとめました。

表 1　働く女性の妊娠・出産の経過

	妊娠期間	母体と胎児の様子	職場への対応・医療機関の受診など
初期	1 か月（0〜3 週）	まだ妊娠したかどうかもわからない時期。	妊娠の可能性のある人はレントゲン写真や薬の服用，アルコールや喫煙に注意。
	2 か月（4〜7 週）	母体：月経の遅れがあり，妊娠反応を試すと陽性反応が出る，という状況。つわりが始まる人もいる。 胎児：脊髄，脳，目，聴覚，心臓，胃腸，肝臓などができる。	マタニティマーク，母子手帳をもらう。切迫流産の可能性あり。仕事で無理をしないように。妊娠・出産に関する社内規定を確認。上司・同僚などに伝える。
	3 か月（8〜11 週）	母体：つわりが強くなる。直腸や膀胱が圧迫され，頻尿や便秘になりやすい。胎盤形成が始まる。 胎児：人間らしい形になる。心音が聞こえる。	つわりがある場合は，通勤などに注意。業務に支障が出る場合は，周囲に協力をお願いする。通勤軽減，時短など必要に応じて申請する。健康診査は 23 週まで 4 週間に 1 回。
	4 か月（12〜15 週）	母体：胎盤完成。流産の危険が少なくなる。つわりは軽くなる。 胎児：内臓の完成。	つわりがおさまるので，食事内容に注意し，体重管理を行う。必要な栄養素を摂るようにする。
中期	5 か月（16〜19 週）	母体：安定期，早ければ胎動を感じる。 胎児：皮下脂肪がついて赤ちゃんらしい体つきになる。全身の骨や筋肉ができ，手足を動かすようになる。	体調がよくなるが，無理はしないようにする。
	6 か月（20〜23 週）	母体：おなかが大きくなってくる。動悸や息切れなど。 胎児：胎動が活発になる。エコーで目鼻立ちがはっきり見える。	歯科検診を受ける。早めの復職を予定している場合は保育園情報を集める。
	7 か月（24〜27 週）	母体：おなかの張りやむくみなど。 胎児：胎動が活発になる。	貧血が出やすい，鉄分の補給など。健康診査は 35 週まで 2 週間に 1 回。

後期	8か月（28〜31週）	母体：下半身の静脈が圧迫され，むくみ，静脈瘤などが出やすい。胃の動きが圧迫される。 胎児：肺の機能や内臓が整う。	早産に注意。長時間の立ち作業は避ける。妊娠糖尿病や妊娠高血圧症候群などに注意。産休，育休の申請，手続きなどを済ませる。
	9か月（32〜35週）	母体：胃もたれ，むくみ，足のつり，息切れや動悸，便秘，寝不足，腰痛など。おなかも張りやすい。 胎児：皮下脂肪がついて，体が丸みを帯びてくる。	急に体調が変化することもあるので，入院の準備など。里帰り出産の場合は，飛行機の手配など航空会社に相談。 産休に入る前の仕事の引継ぎなど。産休・育休中の連絡法などを確認。
	10か月（36〜39週）	母体：子宮が下がってくるので，頻尿，尿漏れなど。 胎児：胎動がやや減る。	健康診査は36週から週1回。陣痛や破水があったら，病院に連絡。

(2)「母健連絡カード」の活用

　「母健連絡カード」（母性健康管理指導事項連絡カード）は，医師や助産師の指導事項を職場に伝えるためのツールとして開発されました（図1）。厚生労働省のHPからダウンロードすることができます（厚生労働省，n.d.1）。

(3) 妊娠中に措置が必要となる症状等

◆**妊娠悪阻**：つわりの症状が悪化したもので，吐き気や嘔吐が激しく，ほとんど食事がとれなくなります。全身の栄養状態が悪くなり，意識障害や肝機能障害が起こることもあります。

◆**妊娠高血圧症候群**：妊娠20週以降，分娩12週までに高血圧や，高血圧に蛋白尿を伴う場合をいいます。頭痛がする，目がチカチカするなどの症状があることもあります。胎児や母体にとってリスクの高い状態ですし，分娩後にも高血圧や腎障害が続く場合もあります。

◆**妊娠時の糖代謝異常**：妊娠中には血糖を下げる働きであるインスリンの作用が十分に働かなくなるため，糖代謝異常が起きやすくなります。妊娠後に初めて糖代謝異常や糖尿病と診断される場合と妊娠前からの糖尿病が悪化する場合があります。糖代謝異常が疑われた場合は，血糖やブドウ糖負荷試験（規

図1　母健連絡カード

定の甘い水を飲んで，時間ごとに採血や採尿を行う検査）をして診断します。診断が確定した場合は，厳密な血糖管理をする必要があります。

◆**切迫流産**：妊娠22週未満のときに何らかの原因で妊娠が終了してしまうことを流産といい，切迫流産とは妊娠は継続する可能性はあるが流産しかかっている状態のことをいいます。12週までの流産は妊娠の10〜15％に発生し，主に胎児の原因であるといわれています。過去に流産したことがある場合は，より慎重な管理が必要となります。

◆**切迫早産**：妊娠22週以降37週未満で出産に至ってしまうことを早産といい，切迫早産とは早産しかかっている状態のことをさします。

◆**前置胎盤**：胎盤の位置が正常より低く，子宮の出口をふさいでいる状態のことをさします。大出血を起こすことがあるため，帝王切開が必要となります。

◆**常位胎盤早期剥離**：胎児に酸素や栄養を供給する胎盤が出産前に子宮からはがれてしまう状態です。胎児は酸素不足になるので，早急な分娩が必要にな

ることもあります。

◆**産後の回復不全**：子宮が元の大きさに戻らず，悪露が滞留し感染を起こしやすい状態のことをさします。妊娠高血圧症候群による血圧上昇・たんぱく尿が続くなどの症状もあります。

◆**妊娠中・産後うつ**：妊娠中あるいは産後にうつ症状が出ることで，10〜15％の産婦に認められます。

◆**死産**：労働基準法における出産の定義は「妊娠4か月（85日）以上経過した場合の分娩」となります。産後休業後の休業については，妊娠4か月未満の死産の場合は欠勤扱いとなります。健康保険法においても，労働基準法と同じく妊娠4か月以上の分娩を出産と定義していますので，産前産後休業期間の保険料免除の手続き，出産手当金および出産育児一時金の受給が可能です。

（4）職場における母性健康管理・母性保護

母性健康管理や母性保護は，法律によって決められていますが，多くのものが妊産婦の請求によるもの，とされています。法律を知って，必要な措置は請求するようにしましょう。

①男女雇用機会均等法における母性健康管理の措置

1）保健指導または健康検査を受けるための時間を確保しなくてはなりません。妊娠23週までは4週間に1回，妊娠24週から35週までは2週間に1回，妊娠36週以後出産までは1週間に1回，産後（出産後1年以内）は医師等の指示に従って必要な時間を確保することになっています。

2）妊産婦が健康診査等を受け，「母性健康管理指導事項連絡カード」（母健管理カード）などによって医師等から指導を受けた場合は，妊娠中の通勤緩和，妊娠中の休憩，妊娠中又は出産後に作業の制限や休業等の措置などを行う必要があります。

3）事業主は，女性労働者が男女雇用機会均等法や労働基準法による母性保護措置を受けたことなどを理由として，解雇その他不利益取扱いをしてはなりません。不利益取扱いとは，期間雇用者の契約を更新しない，正規雇用から非正規雇用への労働契約変更，降格，減給，昇進昇格などの人事考課での不利益な評価，派遣先が当該派遣労働者に係る労働者派遣の役務の提供を拒むことな

どです。

　4）母性健康管理の措置が講じられず，事業主と労働者の間に紛争が生じた場合，調停など紛争解決援助の申出を行うことができます。

②労働基準法における母性保護規定

1）産前・産後休業

　産前6週間（多胎妊娠の場合は14週間）ですが，いずれも<u>女性が請求した場合</u>に限るとなっています。産後は8週間は就業させることはできませんが，産後6週間を経過後に，<u>女性本人が請求し，</u>医師が支障ないと認めた業務については，就業させることはさしつかえありません。

2）妊婦の軽易業務転換

　<u>妊娠中の女性が請求した場合</u>には，他の軽易な業務に転換させなければなりません。

3）妊産婦等の危険有害業務の就業制限

　妊産婦等を妊娠，出産，哺育等に有害な業務に就かせることはできません。重量物，特定化学物質，鉛，有機化合物，高温，低温環境について定められています。

4）妊産婦に対する変形労働時間制の適用制限

　変形労働時間制がとられる場合であっても，<u>妊産婦が請求した場合</u>には，1日および1週間の法定時間を超えて労働させることはできません。

5）妊産婦の時間外労働，休日労働，深夜業の制限

　<u>妊産婦が請求した場合</u>には，時間外労働，休日労働，又は深夜業をさせることはできません。

6）育児時間

　生後満1年に達しない生児を育てる女性は，1日2回各々少なくとも30分の育児時間を<u>請求する</u>ことができます。

7）罰則（法第119条）

　上記の規定に違反した者は，6か月以下の懲役又は30万円以下の罰金に処せられます。

③電離放射線障害防止規則

　放射線業務従事者の被ばく限界は，妊婦以外の女性では，実効線量3か月に
つき5mSv，妊婦では実効線量3か月間につき1mSv（内部被ばく），2mSv（腹
部表面に受ける等価線量）となっています。

◆**薬剤など**：明確な規定はありませんが，医療関係者，医薬品製造にかかわる
　人は，抗がん剤，麻酔薬などの曝露にも注意が必要です。

◆**車両，飛行機の運転など**：業務として運転をする場合の明確な法的な制限は
　ありませんが，体形の変化，つわり，むくみ，判断力の低下などがある場合
　は，職場とよく相談しましょう。飛行機のパイロットは日本の場合，妊娠期
　間中は身体検査不適合となり乗務不可となるようですが，諸外国では，妊娠
　12〜26（28）週は乗務可能としている場合もあるようです。

◆**微生物など**：2020年は，新型コロナウイルス感染のおそれがある場合，主
　治医や助産師から指導を受け，事業主に申し出た場合は，事業主は必要な措
　置を講じなければならない，とされました。医療機関，介護施設，保育施設
　で働く人は，ウイルス，細菌感染のリスクが高いです。明確な法律はありま
　せんが，妊婦は感染しやすいため，通常よりも注意が必要です。

(5) 妊娠中の栄養管理

　20〜30代の女性は栄養不足の方が多く，妊娠時には胎児に多くの栄養が取
られます。妊婦は一日に必要な栄養素のうち，鉄分は28％，葉酸は48％，マ
グネシウムは59％，カルシウムは66％，ビタミンDは67％しか摂れていない
といわれています。葉酸は，胎児の脳や脊髄の元になる神経管という組織を作
るのに必須な栄養素で，欠乏すると先天異常の病気のリスクが高まるため，妊
婦は480μg摂る必要があります。食事だけでこの量を摂取するのは難しいので，
サプリメント等も活用するとよいでしょう。

(6) 風疹予防対策

　風疹は，40代の男性に多く発症しています。1962年4月2日から1979年4
月1日生まれの男性は風疹ワクチンを接種していないためです。その対策として，
該当年齢の男性のためにワクチンの無料クーポン券が出されていますので，職
場でも周知してもらいましょう。

　妊婦が妊娠初期に風疹にかかると，先天性風疹症候群が起こる場合がありま
す。この時期は，胎児の各器官形成期の重要な時期に当たり，白内障や高度の
難聴，心疾患（動脈管開存，肺動脈狭窄など）を起こしてしまうのです。

　風疹ワクチンは生ワクチンなので，妊婦は接種することができません。風疹
ワクチンを受けたかどうか覚えてない，風疹にかかったことがない女性は，妊
娠する前に風疹抗体価検査（採血で簡単に行えます）で抗体価を調べ，抗体が
十分でない場合は，風疹ワクチンを打つなど対処しておきましょう。

② マタニティハラスメント

　妊娠・出産，育児休業・介護休業などに対する事業主の不利益取扱いは，す
でに法律で禁止されていますが，2017 年からは「上司・同僚からの職場にお
ける妊娠・出産・育児休業・介護休業等に関するハラスメント」もマタニティ
ハラスメント（マタハラ）として禁止されています（男女雇用機会均等法 第
11 条の 2，育児・介護休業法 第 25 条）。

　マタニティハラスメントには，「子どものことを考えろ」，「身体のほうが大
事なんじゃないか」，「妊婦は楽ができていいね」，「妊婦がいると，大変なこと
はみんなこっちに回ってくるんだよね」，「やっぱり女は面倒」，「専業主婦でも
やってればいいのに」など，価値の押し付け，言動のハラスメントなどがあり
ます。こうした問題が起こらないように，事業主は防止措置を講じることが義
務になっています。規約に明記すること，従業員に公布すること，相談窓口を
設置することなどが必要です。

③ 性感染症はパートナーと一緒に治す

　2016 年から 2017 年にかけて，HIV 新規感染率や梅毒の感染者数が急増して
おり，特に 20 代女性の梅毒は増加傾向にあります。梅毒は感染性が高く，治
療が遅れると全身症状をきたす怖い疾患です。クラミジア，淋菌，性器ヘルペ
スも減少には至っておらず，性感染症対策は大変遅れています。

　性感染症は，女性のほうが無症状なことが多く，放置しがちです。また，恥
ずかしさでなかなか受診しないことも多いです。治療は，本人だけではなく，パー

表2　主な性感染症とその症状

性感染症	症状
梅毒	病原体は，梅毒トレポネーマです。潰瘍が性器にできて，治療をしないと全身の皮膚に発疹がでたり，リンパ節が腫れる，などの症状がでます。数年～数十年後には血管や神経の障害が起こることもあります。妊婦の感染は早産や死産，胎児の重篤な異常につながる場合もあります。
淋菌感染症	病原体は淋菌です。男性では排尿時痛と濃尿，女性ではおりものや不正出血あるいは症状が軽く気づかないことも多いです。放置すると不妊になることもあります。感染した母体より出産した新生児が淋菌性結膜炎になることがあります。抗生物質が効きますが，耐性菌が増えてきているのが問題です。
性器クラミジア感染症	病原体は，クラミジアトラコマティスです。男性では排尿時痛や尿道掻痒感，女性では症状が軽く無症状のことも多いです。放置すると不妊になることがあります。抗菌薬が効きますが，耐性菌も出てきています。
性器ヘルペス感染症	病原体はヘルペスウイルスです。性器のかゆみ，不快感の後，水疱，びらんができて，痛みを伴うことがあります。放置しても2～4週間で自然に治りますが，再発しやすいです。
尖圭コンジローマ	病原体は，ヒトパピローマウイルス（6型，11型が多い）です。性器・肛門周囲などにいぼができます。治療は切除，レーザー，クリーム製剤などで行います。ヒトパピローマウイルスワクチン4価以上では予防することができます。
後天性免疫不全症候群（エイズ）	病原体は，HIVウイルスです。感染成立の2～3週間後に発熱，頭痛などのかぜ様症状が数日から10週間程度続き，その後数年～10年間ほどの無症候期に入るので，気づかない場合も多いです。放置すると，免疫不全が進行し種々の日和見感染症や悪性リンパ腫などを発症し死に至る病気でしたが，近年治療による改善・延命が進んできています。

トナーも一緒に行わないと，治ってもまた感染するというピンポン感染が起こります。パートナーとも話し合って，一緒に治療を受けましょう。表2に主な感染症についてまとめました。

4 避妊の正しい方法を知る

　厚生労働省（2021）によると，2019年の人工妊娠中絶数は15万6,430件で

した。1955（昭和30）年の117万件に比べると大幅に減少しています。また，2016年に行われた調査によると，避妊方法の1位はコンドーム（82.0%），性交中絶法（19.5%），基礎体温法（7.3%），OC（経口避妊薬）（4.2%），IUD（子宮内避妊具）（0.4%）で，日本は圧倒的にコンドーム派が多いのが特徴です（日本家族計画協会，2017）。避妊の失敗率は，OC 0.3%，IUD 0.1〜0.6%，コンドーム2%，リズム法1〜9%で，OCの効果が高いことがわかります。OCは正しく服用すれば，ほぼ完ぺきに避妊ができるのですが，まだ利用率は低いのが現状です。妊娠・出産はキャリアにも影響を及ぼす，大きなライフイベントです。パートナーともよく相談し，ライフプランを立てましょう。

緊急避妊ピル，アフターピル

　緊急避妊とは，避妊をせずに性交渉した，コンドームが破けるなど避妊の失敗が起きた場合に，妊娠を防止する方法で，性交渉が行われた72時間以内（3日以内）に服用しなければなりません。緊急避妊ピルは正確に使用した場合でもおよそ0.7%は妊娠を防止できず，効果は100%ではありません。

　これまで認可されていた「ノルレボ®錠」は，1錠1万5,000円前後と高額でしたが，2019年3月19日に安価な後発医薬品（ジェネリック）「レボノルゲストレル錠」が発売されました。処方には産婦人科医の対面診療が必要とされていたため，緊急性に対応できない，という意見も出され，オンライン診療での処方は可能になりました。インターネットで購入することもできますが，品質の問題や健康被害があった場合に医療保障を受けることができません。

　正しい避妊の方法を知ること，パートナーにも協力してもらうこと，産婦人科医のかかりつけを持つことなどが大事です。

さつきさんが始めたこと

　流産しそうだ，と聞いて，夫が病院に駆けつけてくれました。自分や赤ちゃんのことを心配してくれている夫の姿をみて，申し訳なく思いました。「もっと家のことや自分のことを大事にしてほしい」と以前から言われていたのに，仕事で負けたくない，上司にいろいろ言われたくない，と思って無理をしていた自分に気づきました。月経が遅れていたのに，妊娠であることに気づかなかったこと，職場で妊娠のことを話すことができず，その結果として流産しかかったことに強い後悔の気持ちを持ちました。女性であるにもかかわらず，妊娠について，心身の変化や法律を何も知らなかったと愕然とする気持ちでした。風疹の抗体価は高かったので安心しましたが，妊娠に気づかなかった時期に感染していたら……と思うと，ぞっとしました。退院したら，営業職でも内勤ができないか，通勤緩和や時短勤務ができないか交渉するつもりです。

職場への要望：母性保護，育児関係の法律や仕組みについて，また，職場の風疹対策について冊子や社内イントラネットに情報を載せるよう提案しました。女性への差別的な発言に関し，啓発を行うことや相談窓口を作ることも要望しました。

〈文献〉

国立感染症研究所（2014）職場における風しん対策ガイドライン（平成26年3月）. （https://www.niid.go.jp/niid/images/idsc/disease/rubella/kannrenn/syokuba-taisaku.pdf ［2021年7月28日閲覧］）

国立感染症研究所（2021）日本の梅毒症例の動向について（2021年1月28日更新）. （https://www.niid.go.jp/niid/ja/syphilis-m/syphilis-trend.html ［2021年7月28日閲覧］）

厚生労働省（n.d.1）母性健康管理指導事項連絡カードの活用方法について.（https://www.mhlw.go.jp/www2/topics/seido/josei/hourei/20000401-25-1.htm ［2021年7月28日閲覧］）

厚生労働省（n.d.2）働く女性の母性健康管理措置，母性保護規定について.（https://www.mhlw.go.jp/bunya/koyoukintou/seisaku05/01.html ［2021年7月28日閲覧］）

厚生労働省（2019）マタニティハラスメントの起こらない職場づくりハンドブック. （https://joseishugyo.mhlw.go.jp/pdf/matanity_handbook.pdf ［2021年7月28日閲覧］）

厚生労働省（2021）令和元年度衛生行政報告例の概況（母体保護関係）.（https://
　www.mhlw.go.jp/toukei/saikin/hw/eisei_houkoku/19/［2021年7月28日閲覧］）

厚生労働省, 女性労働協会（n.d.）妊娠・出産をサポートする女性にやさしい職場づ
　くりナビ（https://www.bosei-navi.mhlw.go.jp/［2021年7月28日閲覧］）

日本家族計画協会（2017）第8回 男女の生活と意識に関する調査報告書2016年―日
　本人の性意識・性行動. 日本家族計画協会.

③ なつさんのケース

なつさんは35歳。食品会社のマーケティングを担当しています。以前から月経が近づくと，体が重く感じイライラして怒りっぽくなったり，激しい頭痛や腹痛・腰痛があったりして，体がむくむ，やる気が起きなくなるなどの症状がありました。最近は，月経以外でも感情の浮き沈みが激しく，動悸がして，汗をよくかくようになりました。感情のコントロールが難しく，むしゃくしゃするとたばこやアルコールが増えてしまいます。
上司から仕事のミスが多い，ホウレンソウ（報告・連絡・相談）ができない，コミュニケーション能力が低いと皆の前で大声で注意され，泣き出してしまいました。

　ここでは，**月経前症候群，月経関連頭痛，甲状腺疾患，メンタルヘルス，アルコール，たばこ**について取り上げます。

1 月経前症候群（PMS）

　月経前症候群（Premenstrual Syndrome : PMS）とは，月経の5日前頃から，抑うつ，イライラして怒りっぽくなる，不安などのメンタルの症状や，乳房が張る，おなかが張る，頭痛，関節や筋肉痛，体重増加，むくみなどのからだの症状があり，月経開始後4日以内になくなること，また，2周期にわたり繰り返し起こり，社会的，学業的あるいは経済的に問題が起こっている状態のことを言います。とくに精神症状が強く，強い抑うつ，暴力的になったり，自殺企図があるなどの場合，月経前不快気分障害（Premenstrual Dyspholic Disorder : PMDD）と言います。
　PMSあるいはPMDDの原因は，月経時のホルモンのバランスの乱れと考えられていますがはっきりした結論は出ていません。ホルモンバランス以外に，性格傾向，さまざまなストレス，生活習慣の乱れが重なって起こると考えられています。

　月経が始まっても症状が続いている場合は，違う病気の可能性も考える必要があります。自分の症状が月経と本当に関係しているのか，月経アプリや日記などをつけて確認してみましょう。記録を付けることで，月経周期を考えながら仕事やプライベートのバランスをとることができるようになります。

　PMSを治すには，まず，生活習慣を整えましょう。①バランスのよい食事をとる，②アルコール，塩分，カフェインの摂りすぎをやめる，③軽い運動やヨガ，入浴，④禁煙，⑤睡眠に気を配る，などです。朝食抜きで昼に甘いものを食べると血糖スパイクが起きて，自律神経や精神状態が不安定になります。イライラや情緒不安定を防ぐビタミンB_6，マグネシウム，カルシウム，神経伝達物質に関係するビタミンE，女性ホルモン様作用のあるイソフラボン，などが効果的だといわれています。

　薬物療法としては，OC/LEP，抗うつ剤である選択的セロトニン再取り込み阻害薬（SSRI），セロトニン・ノルアドレナリン再取り込み阻害薬（SNRI），その他の抗うつ剤，抗不安薬，利尿剤，漢方薬（抑肝散，加味逍遙散，桃核承気湯，五苓散など），ハーブ（カモミール，チェストツリー，セントジョーンズワートなど）が使われます。

　OC/LEPは月経時のホルモンの変動が小さくなるため，PMSが改善する可能性は高いのですが，改善されない場合には，抗うつ剤であるSSRI，SNRIあるいは他の抗うつ剤が使われます。抗うつ剤はうつ病治療には数か月連続で使いますが，PMSやPMDDの場合は，黄体期のみに使っても効果があるといわれています。黄体期だけで効果がない場合は，連続して服薬する場合もあります。精神科と婦人科にまたがるような病態ですので，症状の重症度を考慮して診療科を選びましょう。

② 月経関連片頭痛

　ズキンズキンと脈打つような痛み，吐き気や嘔吐，光や音に敏感になる，ひどいときは数日続き，日常生活もままならない，というのが片頭痛の特徴です。人によっては頭痛が起こる前にチカチカとした閃光（閃輝暗点）が見える場合もあります。また，緊張性頭痛の特徴と言われる肩こりがみられることも多いです。片頭痛は女性に多いのですが，月経時に起きたり，悪化したりする人も

多いことがわかっています。女性ホルモンの急激なバランスの変化が，血管を取り巻く三叉神経に影響を及ぼし，月経関連片頭痛を起こすのではないかと言われています。妊娠中および閉経後には，月経関連片頭痛は少なくなることが多いです。母親も片頭痛持ち，など遺伝性が認められる場合もあります。

　治療は寝不足，アルコールの飲みすぎなどに注意すること，入浴や軽い運動で肩や首の凝りをほぐすこと，薬物治療としては，症状が軽い場合は解熱鎮痛薬であるアセトアミノフェンや非ステロイド性抗炎症薬（NSAIDs）が使われますが，飲みすぎると薬物乱用頭痛を起こすことがあります。症状が強い場合，トリプタン系の薬や抗CGRP（カルシトニン遺伝子関連ペプチド）抗体という薬も使われるようになってきました。予防薬としては，カルシウム拮抗薬，抗てんかん薬，β遮断薬が用いられます。また，漢方製剤（呉茱萸湯など）も使われます。

　月経に関連して起こるので，OC/LEPを使っている人もいますが，むしろそうした薬剤で片頭痛が起こる場合もあります。特に閃輝暗点を伴うような片頭痛に対しては使用できないことになっていますので，片頭痛がある場合は，主治医に必ず伝えましょう。

③ 甲状腺の病気

　なつさんは，PMSではないかと思われましたが，よく状況を聞いてみると最近は，月経にかかわらず，動悸や発汗があること，健康診断で肝機能障害や喉の前にある甲状腺が腫れていることを指摘されていることがわかりました。

　甲状腺は喉仏の下にある蝶形の内分泌組織で，甲状腺ホルモンを産生します。甲状腺疾患は，女性の30～60人に 1 人いると言われるほど頻度の高い疾患です。甲状腺機能が亢進するバセドウ病は男性の6倍くらい，甲状腺機能が低下する橋本病は男性の20～30倍くらい女性のほうがかかりやすいといわれています。バセドウ病も橋本病も自己免疫疾患です。通常，体はウイルスや細菌などの外敵に対する“抗体”を作ることによって自身の体を守るのですが，自己免疫疾患とは，外敵ではなく自分自身の体を攻撃する抗体（自己抗体）を作ってしまうことによって起こる病気のことです。女性に自己免疫疾患が多い原因としては，女性は妊娠をするために，免疫寛容状態になりやすい，女性ホルモンや性

染色体が何らかの免疫異常を引き起こす，などの説がありますが，まだよくわかっていません。自己免疫疾患である，関節リウマチや多発性硬化症は2～3倍，全身性エリテマトーデスは6倍前後，シェーグレン症候群は10倍ぐらい，女性が多いと報告されています。

　甲状腺ホルモンは，全身の代謝をコントロールしているホルモンで，月経の仕組みと同じように，視床下部（TSH-RHというホルモンが出ます），下垂体（甲状腺刺激ホルモン（TSH）が出ます），甲状腺（甲状腺ホルモン（FT3, FT4など））が相互にフィードバック機構を持っています。甲状腺ホルモンは，月経にも影響を及ぼし，甲状腺機能の異常は不妊にも関係します。

(1) バセドウ病——甲状腺ホルモンが多すぎる病気

　甲状腺ホルモンが多く出すぎると，動悸，暑がり，やせ，むくみ，精神的に不安定，目が飛び出る，物が二重に見える，肝機能障害などが起こります。

　家族内に甲状腺の病気を持つ人の発症が多く，遺伝も関係しているといわれています。ストレスも関係するといわれていますが，はっきりした関係はわかっていません。

　血液検査では，甲状腺ホルモン（FT3, FT4）が高くなり，反対に甲状腺刺激ホルモン（TSH）が低くなります。自己抗体である抗TSHレセプター抗体（TRAb）などが認められます。

　治療法としては，薬物治療，放射線治療，手術の3つの方法があります。病状，年齢，本人のその時の状況によって，治療法を検討します。

◆**薬物治療**：甲状腺ホルモンの合成を抑える薬（抗甲状腺薬）を規則的に服用します。通常は1～3か月で症状がおさまりますが，定期的にホルモン値を測定し，適切な薬の量を調整することが重要です。通常は2年くらい薬を継続しますが，再発することも多いので，少量でかなり長期に継続する場合もあります。

◆**放射線治療**：放射性ヨウ素のカプセルを内服することで，およそ2～6か月後には甲状腺が縮小し，甲状腺ホルモンの分泌も次第に減少します。治療効果には個人差があり，人によっては，治療後に甲状腺ホルモンを服用しなくてはならないこともあります。

◆**手術**：薬の効果が出にくいあるいは副作用があった場合，または甲状腺腫が大きい，早く治したい，などの場合は手術となります。甲状腺全部を取ったほうが再発は少ないですが，治療後に甲状腺ホルモンを服用しなくてはならないこともあります。

　若年女性がかかりやすい病気なので，妊娠時にバセドウ病と診断されることがあります。バセドウ病の方の妊娠においてもっとも大事なのは，甲状腺ホルモンが正常にコントロールされていることです。甲状腺ホルモンが高いままで妊娠を継続すると，流産・早産のリスクが高くなります。妊娠初期の場合は，抗甲状腺薬が胎児に影響する可能性がわずかにあるので，他の薬のほうが安全と言われています。手術，放射線などは，妊娠の希望，時期，甲状腺ホルモンの値などを考え，主治医とよく話し合って決定しましょう。

(2) 橋本病—— 甲状腺ホルモンが少なすぎる病気

　甲状腺ホルモンが少なすぎると，無気力，声が低くなる，髪の毛が抜ける，寒がり，むくみ，動作が鈍い，過多月経，心不全，血中コレステロール値が上昇する，などが起こります。

　橋本病は，九州大学の外科医であった橋本 策博士が1912（大正元）年にドイツの医学雑誌に発表し，博士の名前にちなんでつけられた病名です。橋本病も自己免疫性疾患のひとつで，甲状腺に慢性の炎症が起き，炎症が進行すると甲状腺機能が低下する病気です。橋本病は甲状腺の病気のなかでも特に女性の割合が多く，女性のほうが20〜30倍多く（日本内分泌学会ホームページ），30〜40歳代が多いといわれています。健康診断で甲状腺が腫れていることで見つかることもありますが，橋本病の場合は，ごつごつした硬い感じ，バセドウ病の場合は，柔らかい感じが特徴です。

　血液中の甲状腺ホルモン（FT3，FT4）の低値，甲状腺刺激ホルモン（TSH）の高値，抗サイログロブリン抗体（TgAb），抗甲状腺ペルオキシダーゼ抗体（TPOAb）があれば，橋本病の可能性が高いです。甲状腺がんや他の病気が隠れていないか，甲状腺エコーなどで調べます。

　甲状腺機能が低くなっているときには，甲状腺ホルモン薬（商品名：チラーヂン®S）を内服します。自己抗体があっても，甲状腺機能が正常なのは7割

といわれており，その場合は，経過観察となります。日常生活では，ヨウ素を多く含む昆布の摂りすぎに注意します。また，定期的に甲状腺機能を調べ，適切な量の服薬をすることが大事です。甲状腺機能低下がある限り，薬の継続が必要になります。

不妊の方で甲状腺機能異常がある場合も多く，甲状腺ホルモンの値が正常でもTSHが若干上昇している場合は，潜在的な甲状腺機能低下症が疑われます。甲状腺機能が低下したままで妊娠すると，流産・早産のリスクが高くなります。妊娠中には甲状腺ホルモンの必要性が増していますので，甲状腺ホルモンの内服を中止しないことが大切です。

④ 女性のメンタルヘルス

PMSは，うつ病，気分変調症，双極性障害（躁うつ病），パニック障害，パーソナリティ障害などの鑑別が必要になりますが，必ずしもはっきり分けられないこともあります。女性ホルモンは，セロトニン，ドーパミンなど精神的な活動に重要な神経ペプチドにも影響を与えるといわれており，月経や産後，更年期などに気分の波が生じやすく，女性は男性の2倍うつ病になりやすいといわれています。女性らしさ，男性らしさのような性別規範だけでなく，職場や社会の性差別・性格差が精神状態に影響を及ぼしている可能性もあります。

精神疾患は，WHOが策定したICD-10や米国精神医学会が策定したDSM-5などの基準で診断されるようになってきています。

(1) うつ病

うつ病は，①一日中気分が落ち込んでいる，②一日中何も興味がなく，喜びを感じない，③食欲が低下あるいは過食が著しい，④不眠あるいは寝過ぎ，⑤話し方や動作が遅くなる，イライラする，⑥疲れやすい，やる気が出ない，⑦自分に価値がないと思う，⑧集中力が低下し，決断できない，⑨自分を傷つけたり，死ぬことを考えたりする，の項目中，①か②を含む5つの症状が2週間以上，ほとんど毎日当てはまれば，うつ病と診断されます。気分変調症は，うつ病よりも軽い症状が，長期的に（2年以上）続いているものをいいます。

(2) 双極性障害（躁うつ病）

双極性障害は，①気分が異常かつ持続的に高揚し，開放的，いらだたしいなど，②自尊心が誇大，③睡眠時間が短くても平気，④多弁，⑤考えがまとまらない，⑥注意が散漫，⑦何かに向かって猛進する，⑦無分別な行動（買いあさり，性的無分別など）などの躁的な状態と，うつ病の症状が交互，あるいは混在するような状態をいいます。重症度によりⅠ型，Ⅱ型に分けられます。双極性障害の起こりやすさに性差はないといわれています。

(3) パニック障害

パニック発作とは，突然激しい恐怖または強烈な不安感の高まりが数分以内で起こり，動悸，発汗，息切れ，窒息感，胸痛，めまい，気が遠くなる感じ，冷感，異常感覚などが続いて起こることをいいます。パニック発作は，いろいろな条件や病気によって起こることがあるので，一回パニック発作があったからといって，パニック障害，というわけではありません。

パニック障害の診断基準は，このようなパニック発作が繰り返され，発作を避けるために社会行動が制限される状態が1か月以上続く場合，となっています。

(4) パーソナリティ障害

パーソナリティ障害は，一般的な規範から著しく偏った行動や言動が，認知，感情，対人関係，衝動の制御に現れ，個人的にも社会的にもさまざまな問題を起こすものを言います。いくつかの病型がありますが，女性には，境界性パーソナリティ障害や演技性パーソナリティ障害が多い，と言われています。境界性パーソナリティ障害は対人関係，自己像，感情などが不安定で著しい衝動性を特徴とします。演技性パーソナリティ障害は，感情が不安定で人の注意を引こうとすることが特徴です。

(5) 発達障害

うつ病や不安障害を起こしている人の中には，よく聞いてみると子どもの頃から忘れ物が多かった，何かに没頭して他のことがおろそかになりがちだった，ギリギリにならないと取り掛かれなかった，音や光に敏感，などの特徴がある場合があります。そのような場合には，発達障害が隠れている場合があります。

　医学的には，発達障害（DSM-5という米国精神医学会による診断・統計マニュアルによれば，神経発達障害）とは，自閉症スペクトラム障害（ASD），注意欠如・多動障害（ADHD），限局性学習障害（SLD）などを含む幅広い概念を指しており，脳の発達の違いによるものであると考えられています。ASDはコミュニケーションの障害（一人のほうが居心地が良い），対人関係や社会性の障害，パターン化した行動やこだわり，特定のものに強い関心があるなど，ADHDは不注意，集中できない，多弁，じっとしていられない，衝動的に動く，などが特徴です。それぞれのカテゴリーには重なる部分も多く，同じ病名でも個人によって現れ方が異なりますし，まだ定義も流動的です。

　一般的に発達障害は男性のほうが多く，例えばASDでは，男性：女性が4：1，ADHDでは，2.5：1の割合と言われています。女性のASDの対人コミュニケーションの障害は一般的に男性よりも目立ちにくく，本人が密かにズレを感じていても周囲と協調している場合があります。また，女性のADHDは行動面で多動が目立たないので，気づかれにくい傾向があります。

　学生時代までは目立たなくても，社会に出ると一度に複数の業務をこなさなければいけなかったり，あいまいな指示命令や期限のある仕事などの負荷が増え，また女性らしい立ち振る舞いを求められることなどで症状が顕在化してくる場合があります。PMS，甲状腺機能障害，うつ病，双極性障害などと診断されている方の中には，発達障害が伴っている場合があるので注意が必要です。

　成人の発達障害の診断・治療に詳しい精神科・心療内科を受診して，薬物治療だけでなく，本人の特性にあったカウンセリングや行動療法，業務の工夫など，多面的なアプローチを行っていきます。

　また，女性の場合，家族やパートナーに精神疾患がある場合，その関わりの中で本人も病んでしまうことがあり，「カサンドラ症候群」や「共依存」などがあげられます。

　カサンドラ症候群とは，パートナーや家族が自閉症スペクトラム障害のため，情緒的なコミュニケーションを築くことが難しく，自分のことをわかってもらえない，愛されている感じがつかめない，などで不安や抑うつ，自己肯定感の低下といった症状が出る状態です。寂しさを紛らわすために自傷行為をしたり，アルコール依存症になったりするリスクもあります。「カサンドラ」は，ギリシア神話に登場するトロイの王女の名前で，未来予知の能力がありながら誰に

も信じてもらえなかった，ということから命名されました。

　また，アルコール依存症やドメスティックバイオレンス（DV）の家族やパートナーがいる場合，この人を助けられるのは自分だけだ，という思いで，度重なる問題行為に対しても耐えてしまう場合があり，「共依存」とも呼ばれています。

5 アルコールに呑まれない

　我が国のアルコールの販売量は減少傾向にあり，ビールから，チューハイ，ワイン，ウイスキーなどに嗜好が変化しているといわれています。若年男性の飲酒率が減少しているのに対し，中高年女性の飲酒率は徐々に増えています。生活習慣病のリスクを高める量とは，1日当たりの純アルコール摂取量が男性40g以上，女性20g以上です。純アルコール摂取量は，飲酒量［ml］×アルコール度数×比重係数（0.8）で計算できます。例えば，アルコール度数5%の缶ビール1本（500ml）の純アルコール量は，$500 \times 0.05 \times 0.8 = 20g$ となります。ちなみに，日本酒（15%）1合は22g，ワイン（12%）100mlは10gです。

　女性は体内の水分量が男性より少ないため，血中アルコール濃度が高くなりやすく，アルコールの代謝能力も男性より低いため，少ない量でアルコールの影響が出やすいのです。同じ量を飲んでいた場合，女性のほうが10年早く肝硬変になるといわれています。毎日アルコールを10g飲むと，乳がんリスクは7倍に上がり，骨粗鬆症のリスクも上昇します。また，妊娠中の飲酒は低体重児・顔面などの奇形・脳の障害などの胎児性アルコール症候群（Fetal Alcohol Syndrome : FAS）を起こす危険があります。

　女性のアルコール依存症は年々増加傾向にあり，依存症の2割は女性といわれています。女性のアルコール依存症の特徴は，短時間で依存症になり，年齢が若く，摂食障害やうつ病，自殺企図などの精神疾患と関連している，配偶者の大量飲酒や家庭内暴力，家庭内不和など家庭の問題が大きいことがあげられます。さらに女性のアルコール依存症は，治療をしても，離脱しにくいと言われており，断酒教育と並行して家族関係の調整，精神疾患の治療，また自己肯定感が低くなっていることが多いので，レジリエンス教育などが必要となります。2019年にアルコール依存症の治療薬としてナルメフェン塩酸塩水和物（商品名：セリンクロ®）が承認され，治療のオプションが増えましたが，依存症

にならないことが大事です。お酒に呑まれないように注意しましょう。

6 たばこの罠にはまらない

　我が国における成人女性の喫煙率は，国民健康栄養調査によると，20〜29歳，30〜39歳の女性で次第に増加し，2000（平成12）年には20.9％，18.8％となり，その後徐々に低下し，2013（平成25）年はそれぞれ12.7％，12.0％となっています。

　たばこには，ニコチン，一酸化炭素，タールをはじめ，アンモニアやホルムアルデヒドなど約4,000種類以上の化学物質が含まれており，その中で発がんや健康障害に関係するといわれる有毒物質は200〜300種類に及びます。ニコチンは強力な依存を生み出しますし，一酸化炭素は赤血球と酸素の結合を阻害して，組織の酸素不足を招きます。

　たばこによる死亡は年間20万人といわれており，交通事故死亡の1万人と比較すると，とても大きいことがわかります。

　さらに，健康面に関しては，以下の悪影響も確認されています。

◆**がん**：喫煙者本人への影響として関係があるのは，「肺，口腔・咽頭，喉頭，鼻腔・副鼻腔，食道，胃，肝，膵，膀胱，および子宮頸部のがん」，受動喫煙として関係があるのは，肺がんと乳がんとされています。

◆**循環器疾患**：喫煙者は非喫煙者に比べ，冠動脈疾患のリスクが35〜64歳は女性で3.1倍（男性2.8倍），65歳以上は1.6倍（男性1.5倍），脳血管疾患のリスクが35〜64歳は女性で4.0倍（男性3.3倍），65歳以上1.5倍（男性1.6倍），大動脈瘤のリスクが7.1倍（男性6.2倍）とされており，中年期では女性の喫煙が心血管疾患に及ぼす影響が大きいことがわかります。

◆**呼吸器疾患**：喫煙者は非喫煙者に比べ，慢性呼吸器疾患（COPD）のリスクが高く，女性は13.1倍（男性10.4倍）にもなります。呼吸機能の低下，喘息の悪化，結核の悪化なども報告されています。

◆**歯や骨への影響**：歯周病，骨粗鬆症のリスクも上がります。

◆**乳幼児への影響**：乳幼児突然死症候群は2.3倍，新生児呼吸窮迫症候群は1.3倍，出産時低体重は1.8倍と，次世代への影響のリスクも大きいです。

◆**生殖機能に対する影響**：男女ともに妊孕性（妊娠する能力）の低下，月経痛
　の悪化，子宮外妊娠の増加などもあるといわれています。

◆**皮膚**：しみ，しわはたばこによって増えますので，見た目が老けます。

　このように，たばこは健康への悪影響が多いことがわかっているのですが，
ニコチンは脳のニコチン受容体に結合し，快楽物質を放出します。そして，快
楽物質がなくなると，再びニコチンへの欲求が高まります。この状態が依存で
す。最近では，臭わない，痩せるなどのキャッチフレーズや，可愛いパッケー
ジなど女性をターゲットとした販売戦略が目立ってきています。母親がたばこ
を吸うと，子どもは喫煙習慣を獲得しやすく，生涯喫煙者になる可能性が高く
なります。

　また，加熱式たばこが徐々に増えてきていますが，実はタールもニコチンも
従来のたばこに比べてさほど少なくなっておらず，有害物質の細かい情報は公
表されていません。無色無臭の恐怖はむしろ高まっているのかもしれません。

　ニコチン依存症は一人で克服しようとしてもなかなか難しいのが現状です。
禁煙外来は，以下の要件を満たしていれば健康保険で受診することができます。
①ニコチン依存症の判定テストが5点以上，②35歳以上の者については，1日
の喫煙本数に喫煙年数を掛けた数が200以上である，③ただちに禁煙を始めた
いと思っている，④禁煙治療を受けることを文書で同意している，です。禁煙
補助薬には，ニコチンパッチ，ニコチンガム3種やバレニクリン酸酒石酸塩と
いうニコチン依存症のクスリもありますが，医師や薬剤師の注意を守って使用
しましょう。

職場の受動喫煙防止対策

　2020年4月1日から健康増進法における受動喫煙防止対策が全面施行になり
ました。

　厚生労働省（n.d.）では，職場における受動喫煙防止のためのガイドライン
やパンフレットの公表をしており，受動喫煙防止対策のための助成金，職場環
境測定のための機器貸出などの支援をしています。職場の衛生委員会などで，
喫煙対策について検討し，職場のきれいな空気を手に入れましょう。

なつさんの始めたこと

　なつさんはメンタルクリニックを受診してみようと思いました。メンタルクリニックは初めてなので，ネットで「女性，月経，うつ」などのキーワードで検索し，自分と似たような症状についてよく説明が書いてあるクリニックを選んでみました。「PMSや発達障害の可能性もあるが，甲状腺の検査もしてみましょう」と言われて検査をしたところ，バセドウ病であることがわかり，甲状腺の治療が開始されました。甲状腺の薬とピルを始めたところ，徐々に動悸や発汗は収まり，月経痛もよくなってきました。気分の浮き沈みはありますが，月経アプリを使うことで体調の予測がつくようになり，心身が安定してきました。発達障害は「治る病気というよりも付き合う病気，あるいは個人の特性」と言われたので，日々困っていることをメモし，上司にも自分の特性について説明し，改善できることから始めるようにしました。眠る前にその日あった良いことを3つ書くのがよい，というので早速始めました。

職場への要望：健康診断のオプションに甲状腺機能を追加すること，女性のメンタルヘルスに関するセミナーや相談窓口を作るように要望しました。早速，産業保健スタッフが女性のメンタルヘルスセミナーを開催し，女性の健康相談や医療相談ができるサービスを健保のポイントで使えるようになりました。

　男性管理職からは，今まで悩んでいた女性のメンタルヘルスが理解できるようになり，今後のマネジメントに役立った，という意見が聞かれました。

〈文献〉

厚生労働省（n.d.）職場における受動喫煙防止対策について（https://www.mhlw.go.jp/stf/seisakunitsuite/bunya/koyou_roudou/roudoukijun/anzen/kitsuen/index.html［2021年8月2日閲覧]）

日本アルコール・アディクション医学会，日本アルコール関連問題学会（2018）新アルコール・薬物使用障害の診断治療ガイドラインに基づいたアルコール依存症の診断治療の手引き　第1版.（https://www.j-arukanren.com/pdf/20190104_shin_al_

yakubutsu_guide_tebiki.pdf［2021年8月2日閲覧］）

日本甲状腺学会（2010）甲状腺疾患診断ガイドライン2010.（http://www.japanthyroid.jp/doctor/guideline/index.html［2021年8月2日閲覧］）

日本頭痛学会（2013）慢性頭痛の診療ガイドライン2013.（https://www.jhsnet.net/guideline_GL2013.html［2021年8月2日閲覧］）

Royal College of Obstetricians and Gynaecologists（2016）Management of Premenstrual Syndrome : Green-top Guideline No.48. DOI:10.1111/1471-0528.14260.（https://www.rcog.org.uk/globalassets/documents/guidelines/gt48managementpremensturalsyndrome.pdf［2021年8月2日閲覧］）

U.S Department of Health & Human Services, Office on Women's Health（n.d.1）Alcohol use disorder, substance use disorder, and addiction.（https://www.womenshealth.gov/mental-health/mental-health-conditions/alcohol-use-disorder-substance-use-disorder-and-addiction［2021年8月2日閲覧］）

U.S Department of Health & Human Services, Office on Women's Health（n.d.2）Migraine.（https://www.womenshealth.gov/a-z-topics/migraine［2021年8月2日閲覧］）

U.S Department of Health & Human Services, Office on Women's Health（n.d.3）Premenstrual syndrome（PMS）.（https://www.womenshealth.gov/menstrual-cycle/premenstrual-syndrome［2021年8月2日閲覧］）

U.S Department of Health & Human Services, Office on Women's Health（n.d.4）Thyroid disease.（https://www.womenshealth.gov/a-z-topics/thyroid-disease［2021年8月2日閲覧］）

④ はづきさんのケース

はづきさんは40歳。大手メーカーの商品開発担当です。順調にキャリアを重ね，現在は課長職についています。35歳で結婚後，38歳から不妊治療を開始し，いろいろな方法を試しましたが，なかなか成功しませんでした。排卵誘発剤などを使った後は体がだるくてつらく，卵子の状態に応じて，急に病院から連絡がくるので，有給休暇もすべて使い果たしました。料金も高く，経済的にも大変で，生活のすべてが不妊治療中心になってしまい，追い詰められたような気になっていました。諦めかけていた時に体外受精でやっと妊娠し，40歳で無事，出産しました。現在は，産休後にそのまま育休を取得し子育てをしていますが，赤ちゃんが泣くので夜は眠れず，日中，母子2人でいると，授乳やおむつの交換などで一日があわただしく過ぎ，思い通りにならない生活にイライラするようになってきました。会社を休み，キャリアが中断してしまったことや一日中家にいることで孤独感が強まり，だんだん何もやる気が起きなくなり，さらに赤ちゃんを疎ましく思うようになってきました。夫が心配して，メンタルクリニックに連れていったところ，不眠，うつ，自責感が強いため，抗うつ剤，睡眠薬が処方されました。けれども，「母乳育児ができなければ母親失格になってしまうので，薬はのみたくない」と拒絶しています。

ここでは，**不妊，不妊治療と仕事の両立，産後うつ，妊娠・授乳中の服薬，夫婦の育児**について取り上げます。

1 不妊について

不妊の原因は，女性側の原因41％，男性側の原因24％，男女双方の原因24％，不明11％とされており，女性側の要因としては，排卵障害，卵管閉塞，子宮筋腫など，男性側の要因としては，無精子症，性交障害などがあげられます。

女性は，生まれる時に原始卵胞を卵巣に約200万個蓄えており，年齢ととも

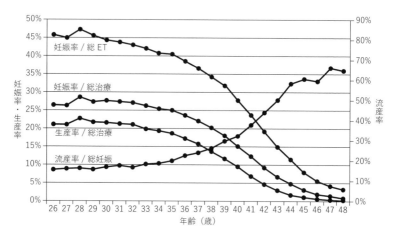

図1　生殖補助医療（ART）による妊娠率・生産率・流産率（日本産科婦人科学会，2018）

　に数が減り，生殖年齢のころには約20〜30万個まで減少する，と言われています（原始卵胞の数に関するデータはかなり古いもので，実際の原始卵胞の数は実はよくわかっていません）。卵子が新しく作られることはなく，年齢とともに年をとり，染色体異常も増え，受精もしにくくなっていきます。

　卵巣予備能（卵巣に残っている卵子の量の目安）の評価に，アンチミューラリアンホルモン（AMH）の数値が使われることがあります。AMHとは，抗ミュラー管ホルモンともいい，発育過程にある卵胞から分泌されるホルモンです。AMHの数値で，ある程度妊娠可能性を予測できるといわれていますが，多嚢胞性卵巣症候群（PCOS）という病気では高い値が出ることもありますので，判断には注意が必要です。

　体外受精における年齢と生産率（生きて産まれた率）の統計（日本産科婦人科学会，2018）をみてみると，図1のように30歳から45歳ごろに体外受精を受けた人が多く，生産率は30歳21.6％，35歳18.6％，40歳9.5％，45歳1.1％となっています。加齢とともに妊娠しても途中で流産する率は上昇します。40歳，50歳で妊娠した，というニュースを聞くことはありますが，実際には40歳以上の妊娠はかなり難しいことがわかります。「妊娠適齢期はある」と考えてよいでしょう。

(1) 不妊治療について

　不妊治療は，検査，治療ともに現在のところ自費で行われていますが，「全世代型社会保障改革の方針（案）」（首相官邸，2020）が出され，保険診療が検討されています。

①検査

　男性は，精子の数や活動度，精索静脈瘤（精巣やその上の精索部に静脈の拡張がある）などを調べます。精索静脈瘤は，一般男性の15％に認められ，男性不妊症患者の40％以上に認められます。精索静脈瘤は，精子を作りにくくし，精子のDNAも損傷します。「乏精子症・精子運動率低下」の35％は精索静脈瘤が原因で，二人目不妊の78％は精索静脈瘤による進行性精巣障害が原因と言われています。

　女性は，月経周期，女性ホルモン，AMH，甲状腺ホルモン，糖代謝検査，クラミジア検査，子宮や卵巣の画像検査などから調べます。

②治療

　精索静脈瘤や卵管閉塞，子宮筋腫などは，手術が行われることがあります。原因を治療しても妊娠に至らない場合は，人工授精（AIH：精液を注入器で直接注入する方法）や，生殖補助医療として体外受精（卵巣から卵子を採り，受精させる方法），顕微授精（人工的に卵子に注射器等で精子を注入する方法）などがあります。

2 仕事と不妊治療の両立

　2018年の調査によれば，日本では5万6,979人が生殖補助医療（体外受精，顕微授精，凍結胚(卵)を用いた治療）により誕生しており，全出生児（91万8,400人）の6.25％に当たります。日本では，実際に不妊の検査や治療を受けたことがある（または現在受けている）夫婦は，全体で18.2％，子どものいない夫婦では28.2％となっています（日本産科婦人科学会，2018）。

　厚生労働省（2018a）は，2017（平成29）年度に企業や労働者を対象に不妊治療と仕事の両立に関する実態調査を行いました。労働者への調査結果によ

ると，不妊治療の経験者のうち，仕事との両立ができずに離職した人は16%，雇用形態を変えた人は8%でした。男女別では，女性はおよそ23%が離職したのに対し，男性の離職者は2%でした。

　仕事との両立が難しい理由として，男女とも，通院回数の多さ，精神面の負担，仕事との日程調整の難しさ等を挙げる者が多く，企業への調査結果によると，不妊治療を行う従業員への支援制度等について，「ない」と回答した企業の割合が70%でした。

　そこで，厚生労働省では，この調査結果等を踏まえ，2018年2月に，不妊治療を行う従業員に対し適切な配慮をするよう企業に呼びかけるリーフレットを作成したほか，不妊治療を受ける従業員が，人事担当者や上司に不妊治療中であることを伝え，企業独自の両立支援制度を利用する際に用いることを目的とした「不妊治療連絡カード」を作成し，活用を呼び掛けています。また事業主・人事向けの「不妊治療を受けながら働き続けられる職場づくりのためのマニュアル」も作成されています（厚生労働省，n.d.1）。

（1）行政における両立支援
　仕事と不妊治療の両立のためには以下のような支援策が講じられています。

①経済支援
　保険適用の対象となるのは，不妊症と診断された男女で，治療開始時点で女性の年齢が43歳未満であることを要件としています。治療開始時点の女性の年齢が，40歳未満の場合は子ども1人につき最大6回まで，40歳以上43歳未満の場合は最大3回まで適用するとしています。

1) 特定不妊治療に要した費用に対して，1回の治療につき15万円（凍結胚移植（採卵を伴わないもの）等については7.5万円）まで助成する。通算助成回数は，初めて助成を受けた際の治療期間の初日における妻の年齢が40歳未満であるときは6回，40歳以上であるときは通算3回まで。
2) 1）のうち初回の治療に限り30万円まで助成。
3) 特定不妊治療のうち精子を精巣又は精巣上体から採取するための手術を行った場合は，1）および2）のほか，1回の治療につき15万円まで助成。

4）3）のうち初回の治療に限り30万円まで助成。

②受診の配慮

　不妊治療は，頻繁な通院が必要で，かつ，予定が立ちにくいことが仕事との両立を難しくしています。希望する施策の上位には，柔軟な休暇制度，フレックスタイム，在宅勤務などが挙げられているため，受診の配慮を講じることとなっています。

③相談窓口

　不妊治療は専門性が高く，自費診療のため高額なことが多いです。なかなか妊娠できず，治療への不安を抱く場合もあると思います。そのため，各都道府県，指定都市，中核市には不妊専門相談センターが設置されています（厚生労働省，n.d.2）。

　どの医療機関でどのような治療を受けられるのか等，不妊に関する悩みや不安について，医師・助産師等の専門家が相談対応・情報提供を行っていますので，ぜひ活用しましょう。皆さんの職場でもどのような支援が可能か，検討してみてはいかがでしょうか。

③ 産後うつ

　待ち望んだ赤ちゃんが生まれたにもかかわらず，夜泣き，母乳を飲んでくれない，おむつ交換，夫が助けてくれない，など想像とは違う子育てにイライラしたり，疲労が抜けない，子育てに意欲を失うなどが起こることがあります。こうした症状を「産後うつ」といい，産後の女性の10〜15%に起こるとされており，2013年の調査では9.0%でした（山縣，2014）。

　産後うつは，母子間の愛着形成を損ない，乳児の発達にも影響を与え，虐待にもつながりやすい危険な状況です。厚生労働省は，2015（平成27）年度から，子育て世代包括支援センターの設置を開始し，2020（令和2）年4月時点で，1,288市町村，2,052か所に設置されています（厚生労働省，2020a）。

　産後に不安を感じたら，身近な人，医療者になるべく早く相談しましょう。周囲の方も産後うつが疑われたら，専門家を受診するように勧めましょう。

④ 妊娠・授乳中の服薬

　国立成育医療センターのホームページ「妊娠と薬情報センター」は2005年から妊娠中・授乳中の薬剤使用について情報提供を行っています。2005年から2013年までの相談件数は7,994件，そのうち，精神疾患の薬の相談は全体の49.6％を占めていたと報告されています。

　向精神薬や睡眠薬が妊娠・授乳に影響してしまうのではないかという不安から，服薬を中止してしまい，精神疾患が悪化し，かえって妊娠や育児に悪影響を及ぼすこともあります。服薬の継続か中断かについては，データも十分ではないので判断するのは難しい問題です。

　一般的には，母乳を通して乳児が受ける薬物曝露は，胎児が母体を通じて曝露される量よりもはるかに少なく，母乳栄養の利点を考えて，欧米では授乳婦に対して向精神薬を問題視することはほとんどないようです。しかし，日本の向精神薬の添付文書では「授乳中の婦人への投与は避けることが望ましいが，やむを得ず投与する場合は，授乳を避けさせること」と書かれているため，授乳中は薬をやめるか，授乳をやめるかの選択を迫られます。本来は，主治医と本人がよく話し合い，納得のいく方法を選択すべきですが，精神状態が悪化しているときは，判断や理解が難しい場合もあるため，できればパートナーなどが通院に付き添い，治療方針を共有するほうが良いでしょう。

　妊娠中の薬に関しては，妊娠の時期，病名，薬物によって，薬を継続したほうがよいか，中止したほうがよいかさまざまです。主治医や上記情報センターなどに相談してみましょう。

　なお，米国のLactMed® データベースには，授乳中の母親が曝される可能性のある薬物やその他の化学物質に関する情報が含まれています。

⑤ 夫婦の子育て

　妊娠・出産は女性しかできませんが，子育ては男女の共同事業です。

　けれども，育児休業取得率は，女性83.0％に対し，男性はやっと7.48％（2019年度），育児休業の取得期間は，女性は9割近くが6か月以上となっている一方，男性は，5日未満が56.9％，8割以上が1か月未満にすぎません。また男性が

育児休業を取ったにもかかわらず，結局，家事・育児の主体は母親で，父親は育児を「手伝っている」だけ，家事や育児の中の「楽しいこと」だけをやる，などという場合もあります。それに対して，女性が男性に何も言えない，言うと喧嘩になるので我慢している，ということもあります。

　一方，男性が育児休暇を取ろうとしても，「育休を取ると出世は絶望的」，「誰も取っていない」，「仕事で休めない」など職場の理解が得られない，同調圧力がある，などの場合もあります。

　当事者の男性，女性も，周囲の人たちも従来の性別役割意識，アンコンシャスバイアスを持っていないか，考えてみることが大事です。

　日本では，父母ともに育児休業を取得する場合は，子が1歳2か月に達するまでの間の1年間育児休業がとれる「パパ・ママ育休プラス」，父親が出産後8週間以内に育児休業を取得した場合，再度の育児休業の取得が可能になる，など徐々に施策も取られてきています。2021年6月に育児介護休業法が改正され，通常の育休とは別に取れる「出生時育児休業」制度ができました。子の生後8週までに最大で4週取得でき，2回に分けて取得できます。また，育児休業を取得しやすい雇用環境整備および妊娠・出産の申出をした労働者に対する個別の周知・意向確認の措置も義務付けられました。

　厚生労働省では，「子育てサポート企業」として「くるみん」，「プラチナくるみん」（図2）の認定を行っています（厚生労働省，n.d.3）。男性の育児休業取得率が7%以上ならば「くるみん」，13%以上ならば「プラチナくるみん」の基準に入ってきます。

　また，「両立支援のひろば」（https://ryouritsu.mhlw.go.jp/ryouritsushihyou/）という，仕事と家庭の両立に関する情報サイトもありますので，各社の取り組みを参考にして，皆さんの職場もくるみん認定を進めてみてはいかがでしょうか。

図2　くるみんとプラチナくるみん

はづきさんが始めたこと

　はづきさんは夫と一緒に再度メンタルクリニックを受診しました。主治医から，「薬の母乳への移行は少ないので，服薬して母乳を飲ませても構わない」という説明とともに夜間授乳で不眠になっている部分もあるので，夜は人工乳に変えることも提案されました。夫も育児休業を取ることにし，家事代行サービスも利用することにしました。夜眠れるようになったことに加え，タンパク質や鉄，ビタミンなど栄養を考えた食事も少しずつとれるようになり，徐々に状態がよくなってきました。

　夫も育児に慣れてきて，一人でほとんどのことができるようになりました。はづきさんの気持ちにも余裕ができ，「赤ちゃんがかわいい」と思えるようになりました。

職場への要望：不妊治療の当事者だった時は，周囲が見えない状況に陥っていましたが，改めてインターネットや本を読んでみると，知らなかったこともいろいろありました。キャリアプランだけではなく，ライフプランの重要性にも気づいたので，復職したら，ライフプラン講座や不妊治療と仕事の両立制度，男性の育児休業の促進などを提案しようと思っています。

〈文献〉

Drugs and Lactation Database（LactMed）.（https://www.ncbi.nlm.nih.gov/books/NBK501922/［2021 年 8 月 2 日閲覧］）

国立成育医療研究センター（n.d.）妊娠と薬情報センター.（https://www.ncchd.go.jp/kusuri/［2020 年 9 月 1 日閲覧］）

国立社会保障・人口問題研究所（2017）2015 年社会保障・人口問題基本調査（結婚と出産に関する全国調査）「現代日本の結婚と出産」―第 15 回出生動向基本調査（独身者調査ならびに夫婦調査）報告書.（http://www.ipss.go.jp/ps-doukou/j/doukou15/doukou15_gaiyo.asp［2021 年 8 月 2 日閲覧］）

厚生労働省（2016）平成 27 年度雇用均等基本調査.（https://www.mhlw.go.jp/toukei/list/71-27.html［2021 年 8 月 2 日閲覧］）

厚生労働省（2018a）不妊治療と仕事の両立に係る諸問題についての総合的調査研究事業調査結果報告書.（https://www.mhlw.go.jp/stf/houdou/0000197936.html［2021

年 8 月 2 日閲覧]）

厚生労働省（2018b）リーフレット 仕事と不妊治療の両立支援のために――働きながら不妊治療を受ける従業員へのご理解をお願いします．（https://www.mhlw.go.jp/bunya/koyoukintou/pamphlet/dl/30a.pdf［2021 年 8 月 2 日閲覧]）

厚生労働省（2020a）子育て世代包括支援センターの実施状況．（https://www.mhlw.go.jp/stf/seisakunitsuite/bunya/0000139067.html［2021 年 12 月 27 日閲覧]）

厚生労働省（2020b）令和元年度雇用均等基本調査．（https://www.mhlw.go.jp/toukei/list/71-r01.html［2021 年 8 月 2 日閲覧]）

厚生労働省（n.d.1）仕事と不妊治療の両立について．（https://www.mhlw.go.jp/bunya/koyoukintou/pamphlet/30.html）

厚生労働省（n.d.2）全国の不妊専門相談センター一覧．（https://www.mhlw.go.jp/stf/seisakunitsuite/bunya/0000181591.html［2021 年 8 月 2 日閲覧]]）

厚生労働省（n.d.3）くるみんマーク・プラチナくるみんマークについて．（https://www.mhlw.go.jp/stf/seisakunitsuite/bunya/kodomo/shokuba_kosodate/kurumin/index.html［2021 年 8 月 2 日閲覧]）

厚生労働省（n.d.4）育児・介護休業法について（育児・介護休業法が改正されました――令和 4 年 4 月 1 日から段階的に施行）．（https://www.mhlw.go.jp/stf/seisakunitsuite/bunya/0000130583.html［2021 年 8 月 2 日閲覧]）

厚生労働省（n.d.5）不妊連絡カード．（https://www.mhlw.go.jp/bunya/koyoukintou/pamphlet/dl/30b.pdf［2021 年 8 月 2 日閲覧]）

内閣府男女共同参画局（2018）男女共同参画白書 平成 30 年版．（https://www.gender.go.jp/about_danjo/whitepaper/h30/zentai/index.html［2021 年 8 月 2 日閲覧]）

日本産科婦人科学会（2018）ART データブック 2018 年．（https://plaza.umin.ac.jp/~jsog-art/［2021 年 8 月 2 日閲覧]）

首相官邸（2020）全世代型社会保障改革の方針（案）（令和 2 年 12 月 14 日）．（https://www.kantei.go.jp/jp/singi/zensedaigata_shakaihoshou/dai12/siryou1.pdf［2021 年 8 月 2 日閲覧]）

山縣然太朗（2014）平成 25 年度厚生労働科学研究費補助金 成育疾患克服等次世代育成基盤研究事業「健やか親子 21」の最終評価・課題分析及び次期国民健康運動に関する研究．（http://sukoyaka21.jp/pdf/H25_yamagata_report.pdf［2021 年 8 月 2 日閲覧]）

⑤ あきさんのケース

あきさんは，45歳。就職氷河期で正社員になれず，派遣社員としてさまざまな企業で働いてきました。初経は12歳，シングルで妊娠歴はありません。ワインが好きでほぼ毎日飲んでいます。派遣会社の健康診断は時々受診していましたが，今まで異常を指摘されたことはありません。乳がん検診，子宮がん検診は一度も受けたことはありませんでした。先日，入浴中にからだを洗っているときに，右乳房にしこりを感じました。触っても痛みはありませんが，ごつごつして硬い感じがします。母親も40代で乳がんに罹患していたので，不安に思い，乳腺外科を受診したところ，乳がんと診断されました。

　ここでは，**乳がん**，**子宮頸がん**，**その他のがん**，**医療情報の選び方**，**がん治療と仕事の両立**，**派遣労働**を取り上げます。

① 乳がん

　30〜60歳の日本女性がかかるがんの第一位は乳がん（図1）です。年間約7万人の女性が乳がんと診断され，年々増加しています。2017年の統計では日本人女性が生涯で乳がんに罹患する確率は，10.6％（9人に1人）になりました。30代後半から増え始め，40代後半から50代がピークでしたが，最近は40代から年齢が上昇するにつれて増えていく欧米と同じような傾向にあります。乳がんによる死亡数も上昇しており（図2），2019年には14,838人（前年は14,652人）となっています。

（1）乳がんとは

　乳房は乳汁をつくる乳腺と，乳汁を運ぶ乳管，脂肪，血管，リンパ管などで構成されています。

　乳腺には腺葉と呼ばれる15〜20個の組織の集まりがあり，腺葉は乳管と多数の小葉から構成されています。乳がんの90％は乳管がん，小葉がんは5〜

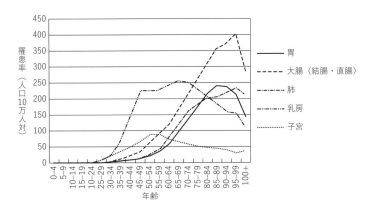

図1　女性の年齢階級別がん（上位5部位）の罹患率（人口10万対）（厚生労働省，2018）

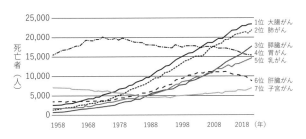

図2　女性の部位別死亡数（年次推移）（国立がん研究センター，n.d.）

10％です。乳がんが乳管や小葉の中に留まっている間は「非浸潤がん」，乳管や小葉を包む基底膜を破って周りの組織に広がった場合は，「浸潤がん」と呼ばれます（図3）。浸潤がんになると，がん細胞が血管やリンパ管に侵入できるようになり，リンパ節や肺，脳などの別の臓器に転移する危険が高くなります。がん細胞はゆっくりと進行し，2cm程度になるのには10年くらいかかるといわれています。

（2）乳がんの症状

　乳がんは乳房のしこり，乳房の皮膚のひきつれやただれ，乳汁の分泌（時に血性），腋窩リンパ節の腫れ，あるいは骨折や頭痛など乳がんの遠隔転移で起こる症状で見つかることがあります。何も症状がなくても検診で見つかる場合

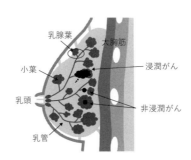

図3　乳がんの浸潤がんと非浸潤がん

もあります。

　乳がんは乳腺組織が発達している乳房の外側の上部に起こりやすく，全体の約40～50%がこの部位に発生します。

（3）乳がんのリスク因子

　乳がんのリスク因子としては，出産経験がない・出産年齢が高い，授乳経験がない，初経年齢が早い，閉経年齢が遅い，良性の乳腺の疾患がある，家族に乳がんの人がいる，肥満（閉経前，閉経後も），飲酒，喫煙・受動喫煙，ホルモン補充療法やOC/LEPの使用歴，などです。

　大豆食品や乳製品はリスクが低くなるとされていますが，詳細はわかっておらず，さまざまな健康食品やサプリメントも効果は明らかではありません。性格やストレスなどとの関係もはっきりしていません。

（4）乳がんの検査
①セルフチェック——乳がんは自分で気づくことができる
1）鏡で自分の乳房をよく見る：乳房の形，皮膚のひきつれ，くぼみ，色の変化などはないか
2）入浴中，就寝前などに乳房や腋窩を触ってみる：立位，横臥位など体の位置を変えて，乳房全体と腋窩を触ってみる
3）乳頭をチェックする：乳汁や血性が出ないかをチェックする

　セルフチェックは大切ですが，これだけでは，早期発見は難しいといわれています。

②マンモグラフィ（Mammography：MG）
　乳房をプラスチックの板で挟んでレントゲン撮影することで，小さいしこりや石灰化を見つける検査です。乳房が圧迫されるため痛みを感じることもあります。日本人は，MGで高濃度乳腺（デンブレスト：乳房全体が白く映る）になる率が高く，特に50歳以下ではその率が高いといわれています。高濃度乳腺の場合は，MGでのがんの発見率は低いと報告されています。被ばく量は一回の検診で両側乳房を二方向撮影すると0.95mSvで，日本で自然放射線で曝露する量よりも少ない量です。

　MGは，日本では，40歳以上，2年おきの実施が推奨されています。欧米では40〜50歳からとなっている国が多いです。日本の乳がん検診受検率は23.8％（2007年データ）で諸外国に比べ，低いといわれています（社会と健康研究センター，n.d.）。

③超音波検査（Ultrasonography：US）
　乳房を超音波で調べ，異常を認めた部分をより丁寧に調べることができます。乳腺の発達している人や閉経前の若い人でも乳がんを発見しやすいメリットがありますが，検査する人の技術の差が出やすいという欠点があります。

　J-STARTという研究で，MG単独とMGとUS併用のどちらのほうが有効か比較研究が行われました。その結果，MGとUS併用のほうがMG単独より特に高濃度乳腺の人では乳がんの発見率は上がりましたが，乳がんでない人も乳がんと診断される過剰診断の可能性も高くなることがわかりました。MGとUS併用で，死亡率が減るかどうかはまだわかっていません。

④生検
　画像検査で疑わしい病変があった場合は，針生検を行い，組織を検査します。

⑤遺伝子検査
　遺伝性乳がん・卵巣がん症候群（Hereditary Breast and Ovarian Cancer

Syndrome : HBOC）は家系内に乳がんや卵巣がんなどが多発する疾患であり，BRCA1，BRCA2 という 2 種類の原因遺伝子が知られています。遺伝子検査は，遺伝カウンセリングを受け，必要と判断された場合は保険適用になることもあります。乳腺や卵巣・卵管の予防的切除や薬物による予防に関しては，専門医とよく相談しましょう。

⑥その他の検査

　その他の検査として MRI（核磁気共鳴法）や，全身の転移があるかどうかを調べるために CT 検査，PET（陽電子放出断層撮影）検査などが行われる場合もあります。

（5）乳がんの治療

　乳がんの治療は，手術，放射線治療，薬物療法があります。がんの性質や病期（ステージ），全身の状態，年齢，合併する他の病気の有無などに加え，本人の希望を考慮して，治療法を決めていきます。

　一般的には，病期（がんの大きさ，両側かどうか，リンパ節転移，全身転移など）により，治療法が決まります。術中にセンチネルリンパ節生検を行い，それによってその後の治療法を選ぶこともあります。センチネルというのは「見張り番」という意味で，乳がん細胞が最初に流れ着くリンパ節です。手術中に腋窩のリンパ節を小さく切除して，迅速に調べ，リンパ節転移があるかどうかを調べます。リンパ節転移がある場合とない場合で，その後の治療方針が変わってきます。

　また，乳がんの場合は，細胞の種類によって治療が異なります。ホルモン受容体（エストロゲン受容体とプロゲステロン受容体があります）と HER2 タンパク，そして増殖能によってルミナル A，ルミナル B，HER2 タイプ，トリプルネガティブというカテゴリーに分けられます（表 1）。HER2 タンパクは正常細胞において細胞の増殖，分化などの調節に関与しているタンパクですが，がん細胞では HER2 の量や質が変わって，増殖しやすくなっている場合があります。

　ホルモン受容体があるがんの場合はホルモン療法を，HER2 陽性の場合は，抗 HER2 療法を行います。どちらもない場合は，化学療法が行われます。

　ホルモン療法は，閉経の前後で治療が異なります。閉経前で自身のエストロ

表1　乳がんのサブタイプ分類

推奨される治療法

	増殖能	ホルモン受容体陽性[1]	ホルモン受容体陰性
HER2陰性	低い	ルミナルA ホルモン療法[2]	トリプルネガティブ 化学療法
	高い	ルミナルB（HER2陽性） ホルモン療法＋化学療法	
HER2陽性	問わず	ルミナルB（HER2陽性） ホルモン療法＋化学療法 ＋抗HER2療法	HER2タイプ 化学療法＋抗HER2療法

1) ホルモン受容体陽性：エストロゲン受容体（ER），プロゲステロン受容体（PgR）のどちらか一方。または両方ある場合。
2) リンパ節転移等が4個以上など再発リスクが高いと考えられる場合は，化学療法の適応を考慮することもある。

ゲン量が多い場合は，エストロゲンの量を減らすLH-RHアゴニストとエストロゲン受容体との結合を邪魔する抗エストロゲン薬を，閉経後の場合は，副腎や脂肪組織で作られる男性ホルモンをエストロゲンに変える酵素，アロマターゼの阻害薬を使います。以前は5年間でしたが，現在ではもっと長期間使われるようになっています。

　化学療法は年々新しい薬剤が出てきています。効果や副作用は人それぞれです。『患者さんのための乳がん診療ガイドライン』（日本乳癌学会，2019）を読んだり，主治医と相談して，納得のいく治療を受けましょう。

(6) 乳房の再建

　最近は，乳房部分切除よりも全部切除し，乳房再建をする方が増えてきました。乳房再建には自家組織再建（自分のお腹や背中などの組織を胸に移植する方法）とインプラント再建がありましたが，2013年にインプラントによる乳房再建が健康保険適用になり，インプラントを選ぶ人が増えています。

(7) 妊孕性の確保

　妊孕性とは「妊娠するための力」のことを言います。

表2　5大がんのステージ別の10年生存率と手術を受けた患者の割合
（全国がんセンター協議会，n.d.）

部位	1期	2期	3期	4期	手術率（%）
胃がん	95.1	62.7	38.9	7.5	73.7
大腸がん	96.8	84.4	69.6	8.0	89.1
乳がん	93.5	85.5	53.8	15.6	96.3
肺がん	69.3	31.4	16.1	3.7	48.4
肝がん	29.3	16.9	9.8	2.5	27.2

　若年期にがんになった場合，化学療法や放射線療法により妊孕性が低下することがあります。現在では，卵子・卵巣や精子を凍結保存しておく妊孕性温存療法がありますが，十分な情報を与えてもらえなかったり，高額なため諦める人がいることが問題になっていました。2021年4月から「小児・AYA世代（Adolescent and Young Adult）のがん患者等の妊孕性温存療法研究促進事業」が開始され，経済的支援も得られるようになってきました（厚生労働省，2021a）。

(8) 10年生存率

　乳がんは早期発見，早期治療によって，10年生存率が高くなります。1期93.5%，2期85.5%に対し，3期53.8%，4期15.6%です（表2）。40歳になったら，ぜひ乳がん検診を定期的に受けるようにしましょう。

② 子宮頸がんと子宮体がん

　子宮の入り口（子宮頸部）にできる子宮頸がんは，ヒトパピローマウイルス（HPV）感染が原因で，20～40代の女性に多いがんです（図4）。一方，子宮の上のほう（子宮体部）にできる子宮体がんは，エストロゲンに関連しており，50代以上に多いがんです。子宮頸がんに罹患した人数は約11,012人（2017年度），死亡者数は2,921人（2019年度）で，若年層が増加しています。

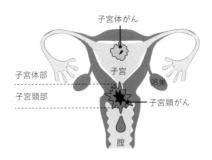

子宮体がん

子宮体部

子宮頸部

子宮

卵巣

子宮頸がん

腟

図 4　子宮頸がんと子宮体がん

(1) ヒトパピローマウイルス

　ヒトパピローマウイルス（Human Papillomavirus : HPV）はごくありふれたウイルスで，性交渉の経験がある女性のうち50%〜80%は，HPVに感染しているといわれています。男性の感染率も同様です。HPVは子宮頸がんをはじめ，肛門がん，腟がんなどのがんや尖圭コンジローマの原因になります。HPVは一度かかっても排除され，20代は感染と排除を繰り返します。HPVに一過性に感染した人の一部は感染が持続し，徐々に子宮頸部の細胞に異常が起こり，異形成，上皮内がん（非浸潤がん），さらには子宮頸がん（浸潤がん）になります。子宮頸がんになるまで数年から10数年かかるといわれています。

　HPVにはさまざまな型がありますが，特にHPV16型，HPV18型は持続感染を起こして高度異形成や子宮頸がんへ進行する頻度が高く，ハイリスクHPVと言われています。

(2) 子宮頸がんの症状

　子宮頸がんの早期は，ほとんど症状がありません。進行すると，月経中でないときや性交時に出血したり，茶色いおりものが増えたりします。さらに進むと下腹部痛や腰痛，尿や便に血が混じったりすることもあります。

(3) 子宮頸がんのリスク因子

　性交渉によるHPV感染が原因です。また，喫煙はリスク因子とされています。

（4）子宮頸がんの検査

①細胞診

　細胞診とは，先端にブラシのついた専用の器具で子宮頸部を擦って細胞を採り，顕微鏡で調べる検査です。綿棒で採取した場合は，精度が落ちることがわかっています。

②コルポスコピー

　細胞診で異常が見られた場合は，コルポスコピーという拡大鏡で病変部の観察を行いながら子宮頸部の組織を採取（生検）し，顕微鏡で検査する病理組織検査を行います。

③経腟エコー，MRIなど

　病気の広がりをみるため，エコー検査やMRIなどが行われることがあります。

④ハイリスクHPV検査

　性交渉のある30歳未満の女性では，HPV感染率が30％を超え，その約半数がハイリスク群と言われています。こうした若年層のHPV感染の多くが自然消失します。30歳を超えるとハイリスク群の感染率は10％台に下降しますが，ハイリスクHPVが3年以上感染を継続すると発がんの可能性が高まります。

　細胞診が陰性でも，HPV検査が陽性の場合は注意深く，毎年検査を行ったほうがよいことになります。両者が陽性の場合は，精査が必要です。

（5）子宮頸がんの病期

　子宮頸がんの病期は，がんの広がり，浸潤の深さ，がんの大きさ，膀胱，直腸や遠隔転移の有無によって決められます。

（6）子宮頸がんの治療

　早期の場合は，手術または放射線治療と併用，病気が進んだ場合は化学療法となります。前がん病変の場合は，出産希望がある方に対し，子宮の入り口を円錐状に切り取る円錐切除術が選ばれることもあります。

(7) 子宮頸がんの予防
①細胞診
　日本では，2020 年度から検診対象は 20 〜 69 歳，細胞診の検診間隔は 2 年が推奨となり，検体は医師採取のみとし，自己採取は認められていません。また細胞診と HPV 検診の両方が推奨となりました。

②HPV ワクチン
　現在，2 価ワクチン（HPV16/18，ガーダシル®），4 価ワクチン（HPV16/18/6/11，サーバリックス®），9 価ワクチン（16/18/6/11/31/33/45/52/58，シルガード®）の 3 種類が我が国では認可されています。2 価ワクチン，4 価ワクチンの子宮頸がん予防効果が 60 〜 70% であるのに対し，9 価格ワクチンは 90% 以上も予防効果が期待されています。感染前，すなわち性経験の無い状態で接種するのがもっとも効果的ですが，キャッチアップ接種の効果を検証した結果では，20 歳以下の場合は効果が期待できるとされています。
　HPV ワクチンについては副作用問題が起こったため，2013（平成 25）年から厚生労働省は積極的な HPV ワクチンの推奨を行っていませんでしたが，2021（令和 3）年 11 月 26 日に，定期接種が再開することが決まりました（厚生労働省，2021b）。小学 6 年生から高校 1 年生は公費負担になりますが，公費負担の対象は 2 価および 4 価ワクチンのみです。ワクチンは 3 回接種しますので，自費ですと 2 価・4 価の場合は約 4.5 〜 6 万円，9 価は約 10 万円になります。
　海外では，男性にも適用されますが，我が国では，4 価のみ 9 歳以上の男性に使用が認められています。男性の中咽頭がん，陰茎がんの予防になると同時に，HPV のピンポン感染を防ぐことができるので，女性の子宮頸がんの予防にも役立つことが期待されています。

(8) 子宮体がん
　子宮体がんは，エストロゲンという女性ホルモンの刺激が長期間続くことが原因で発生する場合と，エストロゲンとは関係ない原因で発生する場合があります。

◆エストロゲンが関係する危険因子：出産経験がないこと，閉経が遅いこと，

肥満，乳がん治療で使われるタモキシフェンや，更年期障害の治療で使われるホルモン補充療法を行っていることなど
◆エストロゲンと関係ない危険因子：糖尿病，血縁者に大腸がん罹患者がいることなど
◆その他の危険因子：肥満，喫煙，アルコール摂取など

◆**症状**：不正出血，おりものの異常，下腹部痛など
◆**診断（細胞診）**：腟から子宮内に細いチューブやブラシのような器具を挿入して，子宮内膜の細胞を少し採取し，がん細胞があるかどうかを顕微鏡で調べます。異常がある場合は，内診，経腟エコー，CT，MRI，PETなどを行います。
◆**治療**：がんの大きさ，深さ，細胞の異形成度，広がり，遠隔転移などにより，病期分類を行います。病期に応じて，手術，化学療法，放射線療法を行います。子宮体がんでは，初期のものであれば生存率は90％以上と良好ですが，進行がん症例の予後は極めて不良です。

③ その他のがん

(1) 大腸がん

　大腸がんは女性のがん死亡数では1位（図2），罹患数では2位（図1）で，経年的に増えてきており，40代から急増します。理由としては，食事の欧米化，高齢化，診断技術が向上したこと，などがあげられています。
　症状としては，便に血が混じる，便秘しやすい，便が細い，ガスがたまる，などがありますが，無症状であることも多いです。貧血が急に進んだことで気づかれる場合もあります。女性は男性より結腸がんの割合が多く，肛門から遠い盲腸・上行結腸に多いので，進行しても出血や排便異常などの症状が現れにくく，発見が遅れがちです。
　診断は，便潜血，大腸バリウム検査，大腸内視鏡などです。40歳以上は1年に1回の便潜血検査が推奨されています。
　大腸がんの危険因子は，肥満や過度の飲酒で，運動はリスクを減らすといわれています。

　ホルモン補充療法は大腸がんを減らすことがわかっていますが，細かい機序は不明です。

　早期に発見すれば，内視鏡，腹腔鏡の手術で済ませることもできますが，病期が進むと，化学療法や放射線療法が必要になります。10年生存率は1期96.8％，2期84.4％，3期69.6％，4期8.0％で，早期発見・早期治療が重要です（表2）。

　直腸がんの場合は，がんの場所によって人工肛門が必要な場合もあります。近年，ISR（括約筋間直腸切除術）という肛門を残せる手術もできるようになりました。人工肛門も改良され，以前よりも日常生活への影響は小さくなりました。就業の際，配慮が必要な場合は，職場とよく相談しましょう。

（2）肺がん

　肺がんは女性のがん死亡数では2位，罹患数では4位で，経年的に増えてきており，40代から急増します。男性が扁平上皮がんというタイプが多いのに対し，女性は腺がんが多いのが特徴です。扁平上皮がんの場合は，喫煙によって男女ともに発がんリスクは10倍以上になりますが，肺腺がんでは，男性で2〜2.5倍，女性で1.5倍程度です。男性の喫煙率は減少しているので，扁平上皮がんは減ってきていますが，腺がんは増え続けており，女性の場合7割が腺がんです。

　肺がんの症状は，咳と痰，息切れ，血痰（血の混じった痰），胸痛などがあげられますが，腺がんは，肺の奥深くにできるため，初期は咳や痰などの症状が出にくく，発見が遅れることがあります。

　治療は，小細胞がんと非小細胞がん（扁平上皮がんや腺がん）で異なります。病期によって，胸腔鏡，手術，化学療法，分子標的薬，免疫チェックポイント阻害薬，放射線療法などが選択されます。がんの原因となるドライバー遺伝子である上皮成長因子受容体（EGFR）遺伝子の異常がある場合，EGFR阻害薬やALK阻害薬などが使われます。

　肺腺がんには女性ホルモン（エストロゲン）が関係するといわれており，月経期間の長い（初潮が早く，閉経が遅い）女性や，エストロゲン補充療法を受けた女性に，肺腺がんの発症率が高いことが報告されています。

(3) 胃がん

　胃がんは女性のがん死亡数では4位，罹患数では3位で，経年的に減少してきています。胃がんの原因のひとつにピロリ菌があり，ピロリ菌の感染率が低下していることがその主な原因だと考えられています。ピロリ菌の感染率は男女であまり差がないにもかかわらず，胃がんの罹患率は女性のほうが男性の1/2～1/3程度と低いことから，女性ホルモンが何らかの影響を及ぼしているのではないか，と言われていましたが，はっきりした関係性は見られませんでした。喫煙，アルコール，塩分の摂取が男女で異なることが影響しているのかもしれません。

　症状は，胃のもたれ，吐き気，吐血などですが，早期にはほとんど症状はありません。検査は，ピロリ菌検査，内視鏡，バリウム検査などです。ピロリ菌検査が陰性の場合は，将来胃がんになるリスクが低いので，ABC検診といってピロリ菌やペプシノーゲンという検査でリスクの層別化を行い，リスクの高い人には頻度を多く，リスクの低い人は症状があった場合のみ，などで健診の効率化を図るようになってきています。

　治療は，内視鏡，腹腔鏡，手術，病期が進んだ場合は，化学療法，分子標的薬，免疫チェックポイント阻害薬などが使われます。

　10年生存率は1期95.1%，2期62.7%，3期38.9%，4期7.5%で，早期発見・早期治療が大事ながんのひとつです。

(4) 卵巣がん

　卵巣がんは，女性特有のがんで罹患率は8位（年間約1万人が発症），死亡率は10位（年間約4,700人が死亡）で，近年増加の一途をたどっています。卵巣がんの原因のひとつに排卵回数の多さがあり，排卵のたびに卵巣の表面が傷つくことがその理由ではないかと考えられています。妊娠・授乳の経験がない，あるいは遅いこと，子宮内膜症，肥満，動物性脂肪の摂りすぎ，排卵誘発剤，ホルモン補充療法などが危険因子といわれています。また，卵巣がんの10～15%は遺伝的要因といわれ，その代表的なものが遺伝性乳がん卵巣がん（HBOC：Hereditary Breast and Ovarian Cancer）で，遺伝子の変異が関係しています。近親者に乳がん，卵巣がん，すい臓がん，前立腺がんなどの罹患者が複数いる場合には，可能性を考える必要があります。

　卵巣がんの症状はほとんどなく，約 6 割はがんとわかった時点でかなり進行しています。診断は，内診や直腸診，経腟超音波検査，CT，MRI などです。

　治療は原則，手術と化学療法です。卵巣はお腹の深いところにあるため，治療前に組織を取って調べることができません。術中の病理検査で悪性度を調べ，手術で切除した組織やリンパ節によって進行の程度や分化度，組織型を見極めながら治療法を決定していきます。なお，最近は手術をせずに分子標的薬などを使う治療法も出てきました。

④ 医療情報の選び方

　現在は，医療情報があふれています。その中で，信頼できる情報を見分ける力が必要になります。特にがんは，青天の霹靂のように病名が告げられ，聞いたこともない医学用語が飛び交う中で，生命にかかわる決断をいくつもしなくてはならなくなります。なるべく手術はしたくない，化学療法は怖い，今の医師の言うことが正しいのだろうか，違う病院に行ったほうが良いのではないか，などさまざまな迷いや葛藤が生じます。

　医療情報の選び方には，下記の「いなかもち」が提唱されています。検索した情報をしっかり検証しましょう。

◆ **い**：いつの情報か？　→闘病記は役立ちますが，がん治療は刻々と変わっています。古い情報は役に立たないことがあります。
◆ **な**：何のための情報か？　→高額な治療を売りつけるものかもしれません。
◆ **か**：書いたのは誰か，発信しているのは誰か？　→がんの専門家・学会や医療機関の出している情報か，そうでないのか。
◆ **も**：元ネタ（根拠）は何か？　→引用文献が提示されているか。
◆ **ち**：違う情報と比べたか？　→他の多くの情報とかけ離れていないか。

　多くのがんには，「標準療法」があります。標準治療とは，科学的な根拠に基づいて，現在利用できる最良の治療であることが証明されている治療です。メディアでは，「最先端の治療」が華々しく取り上げられることもありますし，ネット上でも検索上位にそうした治療があがることがあります。けれども，最

先端の治療の多くは，効果，安全性を検討する臨床試験は行われていないか，まだ研究途上にあります。

すぐにそうした情報に飛びつく前に，セカンドオピニオン（違う医師の意見）を求めることもできます。検査の重複や今までの薬の副作用などを避けるために，現在の担当医に紹介状を書いてもらい，複数の医師の意見を聞いて納得できる治療を選びましょう。

⑤ 治療と仕事の両立

厚生労働省（2014）の「治療と職業生活の両立等支援対策事業」（平成25年度）のアンケート調査によれば，がんで1か月以上連続して休業している従業員がいる企業の割合は21％でした。また，仕事を持ちながら，がんで通院している人は，44.8万人と推計されました（厚生労働省，2011）。このうち女性は，26.2万人で，40〜50代に多く，男性よりも若い年代であることがわかりました。

がんの治療成績は年々上昇しており，10年生存率は58.2％になり，治療も入院から外来に変化しつつあるなど，がんの実態は大きく変化してきました。

東京都福祉保健局（2014）の調査によれば，対象者831人（女性47.7％）のうち，治療・療養のために1か月以上の連続した休みを取得した人の割合は60.8％であり，がん罹患後，退職した人の割合は21.3％で，離職率が高いのは，がんの病期が進んでいる，企業規模が小さい，年齢が若い，非正規雇用などでした。離職の理由は，「治療・療養に専念するため」がもっとも多く（53.1％），「体力面等から継続して就労することが困難であるため」（45.4％），「周囲に迷惑をかけたくない」（34.6％），「職場に居づらくなった」（17.7％），「職場から勧められた」（15.4％），などでした。

治療と仕事を両立する上で困難であったこととしては，「治療費関係」（34.5％），「体調や治療の状況に応じた柔軟な勤務（勤務時間や勤務日数）ができない」（24.9％），「相談者・相談場所がない」，「職場の理解がない」などでした。一方，職場側は，「代替要員の確保」が52.3％ともっとも多く，次いで「休業中の賃金支給等の金銭的な補償が困難」（38.4％），「病気や治療の仕事への影響が分からない」（29.7％），「社会保険料の事業主負担が大きい」（29.2％），「柔軟な勤務制度の整備が困難」（29.0％）でした。

　厚生労働省は，こうした状況を踏まえ，2016 年に「事業場における治療と仕事の両立支援のためのガイドライン」を発表しました。職場に対しては，治療と仕事の両立に関する指針を提示すること，柔軟な勤務制度，休暇制度や相談窓口の設置をすること，日頃からがん（病気）と仕事の両立について話ができる風土を作ること，産業保健スタッフと医療機関の間で治療と仕事の両立に関する情報交換ができるようにすること，両立支援コーディネーターを育成することが提言されています。「両立支援チェックサイト」（https://ryoritsu-check.work/）では，職場での対策についての情報提供も行われています。

　経済的な支援としては，傷病手当金，高額療養費，医療費控除，医療費貸付制度，障害年金などがあります。障害年金の申請には，受療や仕事への影響などの記録が必要なこともありますので，記録を残しておくようにしましょう。

　また，国立がんセンターの『がんと仕事の Q&A』にも有用な情報が掲載されています。さらに，さまざまな NPO も活動しています。筆者はキャンサーリボンズという組織で，がんと仕事のサポートをしており，『「がんと働く」リワークノート』なども作成しています。ご自分に役立つ情報を活用してください。

⑥ 非正規雇用・派遣労働

　非正規労働者は有期雇用が多いため，がんの治療が長引くと，復帰できなくなり退職を余儀なくされます。経済的にも不安定なため，高額な治療を受けられない場合もあります。

　平成 30 年度東京都がん予防・検診等実態調査報告書によれば，乳がん検診，子宮頸がん検診の受診率は，正規雇用＞非正規雇用＞自営・フリーランスとなっており，非正規労働者の受検率が低いことがわかります（東京都福祉保健局，2019）。女性のみならず，男性の非正規雇用も増加傾向にあります。非正規雇用者の検診，病気と仕事の両立は今後検討を要する課題です。

　母性保護，不妊と仕事の両立，治療と仕事の両立は条件を満たせば適応されますが，雇用期間が短い場合には適応にならないことが多いです。長期療養が必要になった場合，健康保険組合からは傷病手当金を受け取ることができますが，国民健康保険では原則受け取れません。社会保障や自身で加入している生命保険などをよく確認しておきましょう。

あきさんが始めたこと

　あきさんが乳がんの精密検査を受けたところ，トリプルネガティブであることがわかり，手術と化学療法，さらに放射線療法も行うことになりました。化学療法の副作用が強く，吐き気やだるさ，食欲低下に悩まされる中，ある日，髪の毛がドサッと抜け，大きなショックを受けました。眉毛や睫毛も抜けてしまい，顔が変わってしまったので外出も億劫になりました。経済的な不安に心身の状態の悪化が重なり，どんどん落ち込んでいきました。

　状態が良くないことに気づいたがん専門ナースから院内のがん相談支援センターを紹介され，ソーシャルケースワーカーから，経済的なことや，患者会，アピアランス支援センターなどについて教えてもらいました。最初は患者会に行くのも抵抗がありましたが，患者会参加者の話を聞いて，少し気持ちが楽になりました。医療用のウィッグレンタルがあること，お化粧の仕方，乳房再建のことなど，未来に希望が持てるようになりました。

　療養中に派遣会社の雇用契約が切れ，失職してしまいましたが，がん拠点病院とハローワークが連携し，がん患者の状態や希望に沿って就職支援をしている，ということだったので，さっそくハローワークに行こうと思っています。

職場への要望：がんの治療と仕事の両立に関して，企業によってはがん検診費用の補助，がん検診日を特別休暇にする，職場内の相談体制や柔軟な勤務制度を設けていることを知りました。派遣社員もこうした支援が受けられるように活動を始めたいと思っています。

〈文献〉

キャンサーリボンズ（n.d.）「がんと働く」リワークノートシリーズ．（https://www.ribbonz.jp/feature_reworknote.html ［2021年8月2日閲覧］）

がん研究振興財団（n.d.）がんの統計2021．（https://ganjoho.jp/public/qa_links/report/statistics/pdf/cancer_statistics_2021_fig_J.pdf ／ https://ganjoho.jp/public/qa_links/report/statistics/pdf/cancer_statistics_2021_data_J.pdf ［2021年8月2日閲覧］）

加藤元嗣, 久保公利, 間部克裕（2017）Helicobacter pylori 感染の疫学. 日本内科学会雑誌 106；10-15.

国立がん研究センター（n.d.）10 年生存率.（https://www.ncc.go.jp/jp/information/pr_release/2021/0427_3/index.html［2021 年 8 月 2 日閲覧］）

国立がん研究センター 中央病院（n.d.）アピアランス支援センター.（https://www.ncc.go.jp/jp/ncch/division/appearance/［2021 年 8 月 2 日閲覧］）

国立がん研究センター がん情報サービス（n.d.1）最新がん統計.（https://ganjoho.jp/reg_stat/statistics/stat/summary.html［2021 年 8 月 2 日閲覧］）

国立がん研究センター がん情報サービス（n.d.2）病名から探す.（https://ganjoho.jp/public/cancer/index.html［2021 年 8 月 2 日閲覧］）

国立がん研究センター がん情報サービス（n.d.3）がんと仕事.（https://ganjoho.jp/public/institution/qa/index.html［2021 年 8 月 2 日閲覧］）

国立がん研究センター がん情報サービス（n.d.4）がんと仕事の Q&A.（https://ganjoho.jp/public/support/work/qa/［2021 年 8 月 2 日閲覧］）

国立がん研究センター がん対策情報センター（n.d.）がん患者の就労支援等に関する研究.（https://www.ncc.go.jp/jp/cis/divisions/05survivor/05survivor_01.html［2021 年 8 月 2 日閲覧］）

国立がん研究センター 社会と健康研究センター（n.d.）がん検診ガイドライン.（http://canscreen.ncc.go.jp/guideline/list.html［2021 年 8 月 2 日閲覧］）

厚生労働省（2011）平成 22 年国民生活基礎調査の概況.（https://www.mhlw.go.jp/toukei/saikin/hw/k-tyosa/k-tyosa10/index.html［2021 年 8 月 2 日閲覧］）

厚生労働省（2014）治療を受けながら安心して働ける職場づくりのために──事例から学ぶ治療と仕事の両立支援のための職場における保健活動のヒント集（平成 25 年度厚生労働省委託事業 治療と職業生活の両立等の支援対策事業）.（https://www.mhlw.go.jp/new-info/kobetu/roudou/gyousei/anzen/dl/140328-01.pdf［2021 年 8 月 2 日閲覧］）

厚生労働省（2016）事業場における治療と仕事の両立支援のためのガイドライン.（https://www.mhlw.go.jp/stf/seisakunitsuite/bunya/0000115267.html［2021 年 8 月 2 日閲覧］）

厚生労働省（2018）平成 30 年 全国がん登録罹患数・率報告.（https://www.mhlw.go.jp/content/10900000/000794199.pdf［2021 年 8 月 2 日閲覧］）

厚生労働省（2020）がん患者・経験者の治療と仕事の両立支援施策の現状について.（https://ganjoho.jp/data/hospital/liaison_council/files/13/20201105_01-01.pdf［2021 年 8 月 2 日閲覧］）

厚生労働省（2021a）小児・AYA世代のがん患者等の妊孕性温存療法研究促進事業.
　（https://www.mhlw.go.jp/content/10901000/000747587.pdf［2021年8月2日閲覧］）

厚生労働省（2021b）HPVワクチンのキャッチアップ接種に関する有効性・安全性
　のエビデンスについて（第26回厚生科学審議会予防接種・ワクチン分科会2021
　年11月15日資料5-2）.（https://www.mhlw.go.jp/content/10601000/000854572.pdf
　［2021年12月27日閲覧］）

日本乳癌学会 編（2019）患者さんのための乳がん診療ガイドライン2019年版. 金原
　出版.

Ohnuki K, Tohno E, Tsunoda H, et al.（2021）Overall assessment system of combined
　mammography and ultrasound for breast cancer screening in Japan. Breast Cancer 28；
　254-262.

東京都福祉保健局（2014）がん患者の就労等に関する実態調査 報告書（平成26年5
　月）.（https://www.fukushihoken.metro.tokyo.lg.jp/iryo/iryo_hoken/gan_portal/soudan/
　ryouritsu/other/houkoku.files/honpen.pdf［2021年8月2日閲覧］）

東京都福祉保健局（2019）平成30年度 東京都がん予防・検診等実態調査.（https://
　www.fukushihoken.metro.tokyo.lg.jp/kensui/gan/toukei/jittaityousa30.html［2021 年 8
　月2日閲覧］）

全国がんセンター協議会（n.d.）全がん協部位別臨床病期別10年相対生存率（1999-
　2002 年 初 発 入 院 治 療 症 例 ）.（https://www.zengankyo.ncc.go.jp/etc/seizonritsu/
　seizonritsu2007.html#10［2021年8月2日閲覧］）

⑥ ふゆさんのケース

ふゆさんは，50歳。24歳で入社し，会社では一貫して経理を担当しています。仕事には真面目に取り組み，良い評価を得ていましたが，最近，会議の予定を忘れたり，メールの宛先を間違えるなどのミスが増えて自信を失っています。数年前から生理不順が続いていましたが，半年前からは生理が全くありません。いきなり熱くなって顔や全身に汗をかいたり，下半身がひどく冷えたり，睡眠が浅いのか夜中に何度も目覚めたり，寝起きも悪く，朝から疲労感が強く，何もやる気が起きません。今まで健康診断で異常を指摘されたことがなかったのに，最近受診した定期健康診断では，肥満，高血圧，高コレステロール血症を指摘され，ここ数日は朝に胸がギューッとして苦しいので狭心症ではないかと不安です。子どもたちは独立してあまり連絡もありませんし，夫は定年退職後，家事に口出しが多く，気疲れします。

　ここでは，**更年期症状，メタボリックシンドローム，微小血管狭心症，睡眠時無呼吸症候群，家族関係の変化**を取り上げます。

1 更年期症状・更年期障害について

　閉経は，月経が来ない状態が12か月以上続いた時に，1年前を振り返って閉経としています。閉経前には，月経周期が乱れたり，出血量が変化するなどの症状が一般的です。日本人の平均閉経年齢は約50歳ですが，個人差が大きく，40代前半から50代後半まで幅があります。日本産婦人科学会は，閉経前の5年間と閉経後の5年間とを併せた10年間を「更年期」，更年期に現れるさまざまな症状の中で他の病気を伴わないものを「更年期症状」といい，その中でも症状が重く日常生活に支障を来す状態を「更年期障害」と定義しています。

　血液検査でエストラジオールが20pg/ml以下かつFSHが40IU/ml以上を示すなら閉経と診断しますが，検査は必須ではありません。

　更年期障害はエストロゲンの減少によって起こるのですが，他の病気や生活

習慣, 性格や物事のとらえ方など, 家族や仕事関係など複数の要因が関わっています。

　更年期の症状は, のぼせやほてり, 汗をかきやすい, 冷え, イライラ, 不安, やる気が出ない, 不眠, 肩こり, 腰痛や関節痛, 頭痛, 吐き気, 手のこわばり, むくみ, しびれ, 吐き気, 食欲不振, めまい, 口や皮膚・腟の乾燥感, 頻尿や尿漏れなどさまざまです。

② 更年期障害以外の病気がないかチェック

(1) 更年期障害の治療

　更年期症状は多彩なので, 鑑別が必要な病気はたくさんあり, 診断をつけるのは, 実はかなり難しいのです。表1に代表的なものを掲載しましたが, これ以外にも考えなくてはいけない病気がたくさんあり, 複数の病院, 複数の科を受診する場合があります。その場合は, 症状, 他の病院での検査や薬などをメモにまとめて, 医師に伝えるようにしましょう。

(2) ホルモン補充療法

　更年期障害の代表的な薬物治療は, ホルモン補充療法, 漢方薬, 精神作用薬ですが, ここではホルモン補充療法（HRT）について述べます。

　更年期症状はエストロゲンの低下に伴い起こってくるので, 両側の卵巣を取ってしまった方, 抗がん剤治療, ホルモン療法などで卵巣の機能が低下した方, また, 早発閉経といって40歳未満で閉経になった方にも, 更年期症状は起こります。エストロゲンの低下に対し, 少量のエストロゲンを補う治療法をホルモン補充療法（HRT）といいます。HRTは, 特にほてり・のぼせ・ホットフラッシュ・発汗などには効果があります。

　HRTに用いるホルモン剤には飲み薬, 貼り薬, 塗り薬などいくつかのタイプがあります。エストロゲンだけでは子宮内膜が厚くなり, 子宮体がんのリスクが上昇するため, 子宮のある人には黄体ホルモンを一緒に使います。エストロゲンと黄体ホルモンを交互に使う方法や, 両者が一緒になっている薬もあります。貼り薬や塗り薬は脂質代謝に影響を及ぼしにくいといわれています。

　日本人のHRT使用率は欧米よりもはるかに低いのが現状です。米国の

表1　代表的な更年期症状

症状	鑑別疾患	検査	診療科
ほてり，発汗	甲状腺機能亢進症，カルシウム拮抗薬服用（高血圧の薬）	甲状腺機能	内分泌内科
動悸，頻脈，胸痛，むくみ	不整脈，心疾患，貧血，甲状腺機能	心電図，血管造影，心臓血管CT，心エコー，血液検査，鉄，フェリチン，甲状腺機能　など	循環器内科，内分泌内科など
頭痛，めまい	脳血管障害，脳腫瘍，薬剤誘発性頭痛，メニエール病	脳の検査，頸動脈などの検査，聴力，耳鼻科の検査など	神経内科，脳神経外科，耳鼻科など
不眠，不安，抑うつ	うつ病，不安障害，睡眠障害，睡眠時無呼吸症候群など	心理テスト，脳波，ポリグラフィーなど	精神科，心療内科，睡眠外来など
腰痛，関節痛，ひざ痛，肩こり	椎間板ヘルニア，変形性関節症，頸肩腕症候群	レントゲン検査など	整形外科
指のこわばり，関節痛，喉の渇き	関節リウマチ，ハバーデン結節，シェーグレン症候群など	レントゲン検査，血液検査など	整形外科，膠原病内科など
体重減少，倦怠感，微熱など	悪性疾患	他の症状をチェックしながら，がん検診	各科

Women's Health Initiative という研究（NIH, 1991）において，HRTは乳がん，血栓症，脳卒中のリスクが上がる一方，骨折や大腸がんは減るという結果が出ました。その後，HRTを閉経直後から使い始めると心血管疾患の予防効果があることも報告され，現状では，HRTは年齢，閉経後の期間，乳がん，血栓症，脳血管障害，心疾患などの有無など一人ひとりの状況をよく検討して行うこととされています。一般的に60歳未満あるいは閉経後10年以内で健康な女性で，のぼせやほてり，腟の乾燥が強いなどの症状には効果的な治療法です。HRTが使えないのは，重度な肝疾患，乳がんあるいは乳がんの既往歴がある場合，子宮体がん，血栓症，心筋梗塞や脳卒中の既往がある場合です。

③ 血圧, 血糖, 脂質異常, メタボリックシンドローム

　閉経後は, エストロゲンの低下に伴い, 血圧, 血糖, 脂質の異常が増えてきます（図1）。閉経はもちろんのこと, 早期閉経（自然にあるいは手術などで）の人もリスクが高まります。また, 妊娠合併症（特に子癇, 早産, 妊娠糖尿病）がある場合には, 心血管疾患のリスクが高まることが報告されていますので, 必ず医師に妊娠合併症の既往などを伝えましょう。

　高血圧, 脂質異常症, 糖尿病, 肥満は, 動脈硬化性疾患（心筋梗塞や脳出血・脳梗塞など）の危険因子といわれていますが, 男女とも同じように危険なのでしょうか。日本人の脳心血管疾患の発症と危険因子の関係を調べた JPHC study（国立がん研究センター, n.d.1；Noda et al., 2009）によれば男女で大きく異なるのは, 虚血性心疾患と脳内出血です（図2）。男性では, 高血圧, 高血糖, 低 HDL- コレステロール, 高中性脂肪, 肥満, メタボリックシンドローム（MetS）のいずれもが, 虚血性心疾患のハザードリスク（危険因子が無い場合を1とした場合, 危険因子がある場合の疾患の起こりやすさ）が1.5～2倍高くなりましたが, 女性では, 高血圧のハザードリスクは高いものの, 中性脂肪, 肥満, MetS の影響は大きくありませんでした。一方, 脳内出血は男女とも高血圧のハザードリスクは高いのですが, 女性は約5倍と男性よりも高くなっていました。

　1994年から2010年に行われた JPHCStudy コホート II という研究では, Non-HDL コレステロールと脳心血管疾患の関係が調査されました（国立がん研究センター, n.d.2）。Non-HDL コレステロールというのは, 総コレステロールから LDL- コレステロールを引いた値です。男女とも Non-HDL コレステロールが高ければ虚血性心疾患の相対リスク（比）は高くなる傾向はありますが, 男性では, 111～129mg/dl で111mg/dl 以下に対してすでにリスクが2倍近くなるのに対し, 女性では2倍になるのは182mg/dl 以上であることがわかりました。女性のほうが, 脂質異常症の影響を受けにくいことがわかります。

（1）高血圧
　前項で述べたように女性にとって高血圧は重要な危険因子です。
　2017年の国民健康・栄養調査のデータによれば, 高血圧（140/90mmHg 以上）の率は, 50代では男性の約半分ですが, 60歳を過ぎると急激に増加し, 70歳

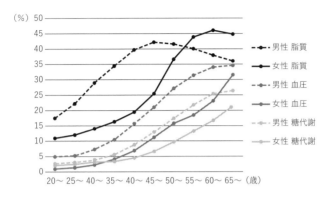

図1　脂質，血圧，糖代謝の有所見率（性・年齢別）

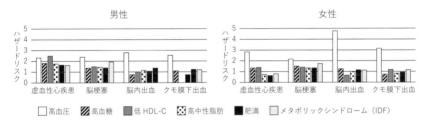

図2　脳心血管疾患と危険因子の関係（Noda et al.（2009）を改変）

以上では7割が高血圧，つまり70歳以上では1,038.7万人の女性が高血圧であることがわかります（図3：厚生労働省，2018）。女性は若い時には，むしろ低血圧気味です。何となく「私は血圧は大丈夫」と思っていると閉経後，急激に高血圧になってくるので注意が必要です。

　降圧剤の効果に性差がある，とされたこともありましたが，最近の文献によれば，はっきりした性差はないようです。ただ，ACE阻害薬は女性のほうが咳が出やすいなど副作用に性差があるものもありますので，主治医とよく相談しましょう。

（2）糖尿病
　糖尿病も加齢とともに増加します。糖尿病が強く疑われる割合は，40代で3.1％，50代で5.1％なのが，60代では10.8％と急増します。インスリンは血

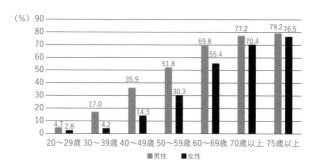

図3　性・年齢別高血圧割合（厚生労働省，2018）

糖を下げる重要なホルモンですが，エストロゲンが低下するとインスリンの効き目が悪くなる（インスリン抵抗性といいます）のも一因と言われています。

　糖尿病の診断は，空腹時血糖，随時血糖，HbA1c（糖化ヘモグロビンの割合），合併症などを組み合わせて用いて行います。HbA1cというのは過去1か月くらいの血糖の状態を表しています。糖尿病は，高血糖が続くと血管や神経にダメージを与え，心筋梗塞や脳卒中，網膜症，腎臓病，神経障害などを起こし，感染症，がん，骨折，認知症などさまざまな病気にかかりやすく，寿命も短くなるといわれています。

　糖尿病の管理目標は，血糖正常化を目指す場合はHbA1c 6.0％未満，合併症予防のためは7.0％未満，治療強化が困難な場合は8.0％未満です。高血糖はもちろん危険なのですが，低血糖を起こすと意識がなくなる，不整脈が起こるなど生命に危険な状態になるので，血糖が乱高下しないよう管理することが大事です。

（3）脂質異常症

　日本動脈硬化学会の脂質（血中コレステロール）の管理目標は，中性脂肪は150mg/dl未満，HDL-C（コレステロール）は40mg/dl以上です。LDL-CあるいはNon-HDL-Cの管理目標は以下のようになっており，女性のLDL-CあるいはNon-HDL-C（LDL-Cより30mg/dl高い値になります）の管理目標は男性よりも高い値に設定されています。

　女性の場合は，40〜59歳で危険因子（①喫煙，②高血圧，③HDL-Cが低い，④耐糖能異常，⑤家族歴に若い年齢で冠動脈疾患があった）が1個以下ならば「低リスク」，2個以上ならば「中リスク」，60〜74歳で危険因子が1個以下ならば「中リスク」，2個以上ならば「高リスク」となります。ただし，糖尿病や慢性腎臓病，非心原性脳梗塞，末梢動脈疾患がある場合は，「高リスク」となります。「低リスク」ならばLDL-Cは160mg/dl未満，「中リスク」ならばLDL-Cは140mg/dl未満，「高リスク」ならばLDL-Cは120mg/dl未満，冠動脈疾患（狭心症や心筋梗塞）がすでにある場合は，LDL-Cは100mg/dl未満になります。

　また，動脈硬化は，頸動脈エコーという検査法があります。頸動脈エコーは首に超音波のプローブを当てて，頸動脈の内部の状態を観察する方法です。もし，血管内皮が厚くなっていたりやプラークという塊のようなものが観察された場合は，厳密に管理していく必要があります。

（4）健康な肥満，不健康な肥満

　このように女性の肥満はあまり動脈硬化に関係しない，ということがわかりましたが，問題はその中味であることがわかっています。

　1947年フランスのJean Vague医師が，臀部や大腿部が太っている女性はなぜ心血管疾患が少ないのだろう，と疑問を持ち，脂肪がついている場所が関係しているのではないか，との説を唱えました。その後の研究でこうした洋ナシ型よりもお腹に脂肪がたまるリンゴ型が動脈硬化に関係していることがわかってきました。

　皮下脂肪と内臓脂肪のバランスには，女性ホルモンが何らかの役割を果たしており，皮下脂肪がたまりやすく，閉経後は内臓脂肪がたまりやすくなります。

（5）更年期女性の生活習慣

①たばこを止める，アルコールを控える

　たばこは最大のリスクです。女性ホルモンの働きを阻害し，活性酸素を増やし，血管にもダメージを与えます。一人で止めることが難しければ，禁煙外来を受診する，禁煙補助薬を利用するなど，1本でも1日でも早くたばこの依存から抜け出しましょう。アルコールも適正量を守りましょう。

②食事

　若年期はやせに注意，妊娠・出産年齢は葉酸や鉄に注意でしたが，中高年期は肥満や生活習慣病の予防が重要になってきます。今までは，生活習慣病予防にはカロリーやコレステロール（善玉や悪玉など）が注目されてきましたが，最近では，糖質，タンパク質，脂質のバランス，ミネラルやビタミン，そして食事をとる時間（時間栄養学と呼ばれています）が強調されるようになってきています。

　一日のエネルギー摂取量は，標準体重に労作指数をかけて割り出します。

　従来，職域健診で異常所見がもっとも少ないBMIが22であったことから，これを標準体重としてきましたが，BMIと死亡率との関係を検討するとBMI20〜25と幅があることがわかりました。そこで，65歳未満は身長（m）²×22ですが，65歳以上は身長（m）²×22〜25としています。労作指数は，軽い労作の場合は，25〜30，普通の労作の場合は，30〜35，重い労作の場合は35〜です。栄養素の摂取比率は，炭水化物50〜65％，たんぱく質13〜20％，脂質20〜30％（飽和脂肪酸7％以下）が目安です。

　最近，話題となった低炭水化物食（炭水化物 一日100〜130g）では，短期的には体重の減少と血糖の改善を認めますが，炭水化物の代わりに，タンパク質や脂質を過剰摂取することで総エネルギーが多くなれば，やはり肥満になりやすくなります。果物は健康によいといわれていますが，果物ジュースは急激な血糖の上昇を招き，果糖の摂りすぎは中性脂肪を増やします。また人工甘味料は血糖は上げないものの摂りすぎると脂肪肝を起こすことがわかっています。

　タンパク質は体重1kg当たり1g程度です。高齢者はこの量よりも少ない場合が多いので，十分なタンパク質を摂るように心がけましょう。

　脂質に関しては，コレステロールが高いと卵を食べてはいけない，などと言われてきましたが，食事のコレステロール量は血中のコレステロール値に直接関係しないことから，コレステロールの摂取基準値は撤廃されています。コレステロールはホルモンや細胞膜の重要な素材のため，少なすぎると血管や網膜がもろくなり，脳出血などを起こします。脂肪は，重要なエネルギー源であり，皮下脂肪となって体を寒さから守る，脂溶性ビタミンを溶かす，などの役割があります。n-3系脂肪酸（DHAやEPA）は，動脈硬化の予防，脳機能の維持に良いといわれています。飽和脂肪酸は動脈硬化リスクがあることがわかってお

り，脂肪を摂る際には，不飽和脂肪酸を増やす工夫をしましょう。

　食物繊維，特に穀類の食物繊維は，糖尿病の発症リスクを減らすほか，心血管疾患，大腸がん，すい臓がん，乳がんも減少するといわれています。食物繊維は腸内細菌を整える効果があり，腸管の炎症を抑え，内臓脂肪をためにくくし，抗酸化作用があると考えられています。

　高血圧に対しては食塩を減らすことが大事です。女性の場合，6.5g／日が推奨されています。

　また，食事はエネルギーや栄養素も大事なのですが，食べるタイミングも重要です。サーカディアンリズム（一日のからだの自然のリズム）に沿って，朝食を食べ，夕食を早めに終えることは肥満防止に役立ちます。

③運動

　食事を減らしただけでは，効果的な体重コントロール，代謝コントロールに結び付きません。筋肉は血中の糖を取り込み，食後の血糖上昇を抑えることができます。筋肉を保つことは，ロコモ症候群，フレイルを防ぐ上でも重要です。有酸素運動と筋肉運動をバランスよく行いましょう。

4 女性の虚血性心疾患

　虚血性心疾患の罹患率，死亡率は極端な性差があります。女性の心筋梗塞は男性の1/3から1/5であり，死亡率も男性のほうが高いです。心筋梗塞の初発年齢は，女性は男性よりも約8年遅いといわれています。女性の狭心症や心筋梗塞は，男性のような典型的な症状ではなく，あごや喉が痛い，吐き気や気持ちの悪さ，背中が痛い，肩が痛い，など非典型的な症状が多いので見逃されやすく，しばしば「更年期だから仕方がない」などで検査もしてもらえないことがあります。

　女性のほうが高齢で発症するので，合併している危険因子は複数であることが多く，予後も悪いといわれています。また，女性は心電図で典型的なパターンを示さない，運動負荷試験をしても，運動負荷に耐えられないのではっきりした診断がつけられない，さらに冠動脈造影でも典型的な狭窄を認めないことが多く，診断をより難しくさせています。

　狭心症が疑われた人の中で冠動脈造影所見が正常だったのは，男性8％に対し女性41％と言われています。そのため「気のせい」で片づけられてしまう場合が多いわけです。こうした女性の中に，冠動脈造影では検出できない100μm以下の微小冠動脈の機能異常のために，胸痛や心筋虚血を起こす可能性がある，と言われており，この病態を「微小血管狭心症」と呼んでいます。

　微小血管狭心症は全体の7割を女性が占め，特に閉経後の女性に多いといわれています。症状は労作時だけではなく安静時にも出現します。診断は難しく，冠動脈の乳酸代謝測定，PET検査（アンモニアを用いたPET検査），心臓MRIなどが有効と言われています。

　現在のところ微小血管狭心症に確立した治療法はありませんが，カルシウム拮抗薬，あるいはスタチン（コレステロール値を低下させる薬）やACE阻害薬を加えることで効果がある場合もあります。狭心症の特効薬である硝酸薬は半分以上効果がありません。また，心筋梗塞の一次予防に使われるアスピリンは男性には効果があるものの女性には効果がないと報告されており，女性は，抗血小板薬や抗凝固剤は出血性の合併症を起こすことが多いので注意が必要です。

　一般的な狭心症は，冠動脈が動脈硬化により狭くなっていて，運動による血液需要が高まるのに供給が追い付かないことによって症状が起こるのですが，「冠攣縮性狭心症」は血管が攣縮によって一時的に狭くなって起こる疾患です。運動とは関係なく起こることが多いです。この病気は男性のほうが3倍以上起こりやすいといわれています。

　女性では月経前，閉経後に起こりやすくエストロゲンの低下によって冠動脈の攣縮が起こりやすくなっていると考えられています。

5 女性の睡眠時無呼吸症候群

　女性ホルモンの低下に伴い，睡眠障害が起こりやすくなります。その中に睡眠時無呼吸症候群（SAS）という病気があります。睡眠時無呼吸症候群（SAS）とは，眠っているときにイビキをかく，呼吸が止まる，日中眠気がある，朝起きた時にすっきりしない，などの症状があるときに疑われます。

　SASは太った男性の病気という印象がありますが，30％は女性です。やせて

いる小顔の女性やプロゲステロンが低下する閉経後に多いといわれています。

　SAS になると血中酸素飽和度が低下し，交感神経の興奮が起こります。CPAP（持続陽圧呼吸療法：持続的に酸素を鼻から送り込む装置）などで治すことができますので，SAS の疑いがある方は早めに睡眠外来やいびき外来を受診しましょう。

6 家族関係の変化

　更年期世代は，家族にもさまざまな変化があります。子どもたちが独立し，巣立っていくことで起こる「空の巣症候群」，夫の定年退職による経済的な変化，毎日家にいて家事に口を出されるなどで新たなストレスから起こるいわゆる「夫源病」などです。

　女性は，「家族のため」「みんなのため」に，自分の本当の気持ちを抑えたり，我慢したりしていることがあります。更年期は振り返りの時期，再出発の時期です。これを機会に，家族との新たな関わり方を作っていきましょう。

ふゆさんが始めたこと

　ふゆさんはまず内科を受診しました。甲状腺の検査，頸動脈エコー，がん検診を受けましたが，特に異常はなかったので，まずは食事を徹底的に見直すことと，少し運動を始めることにしました。血圧の薬は処方されましたが，脂質異常症は経過観察となりました。心電図検査も問題ありませんでしたが，「微小血管狭心症の疑いもあるので，繰り返し起こるようなら，循環器専門医を紹介しましょう」と言われました。SASの検査は，自宅に検査キットが送られてきて2日分のデータを分析してもらいましたが，夜間の低酸素血症は認められず，これも経過観察になりました。婦人科では子宮体がん，乳がん検診で異常なしだったので，エストロゲンと黄体ホルモンの両方が入っている貼り薬と漢方薬を使ってみることにしました。しばらく使っていると，のぼせ・ほてりはかなり改善しました。もしかしたら，重大な病気かもしれないと不安だったのですが，一つひとつ解決することで，気持ちも前向きになってきました。今まで「家事は女性の仕事」と思ってきましたが，老後に備え，夫にも家事を覚えてもらうことにしました。わかってくれない，やってくれない，と不満を抱えていましたが，自分の健康状態を伝えたり，何をやってほしいのか具体的に伝えていないことに気づきました。マニュアルを作り，業務フローのようにすることで，夫も理解し，やる気が出てきたようです。

　職場への要望：職場で自分の状態を話したところ，同じような経験をしている人が多く，話をすることで気持ちが楽になりました。産業保健スタッフに男女の更年期の講話をしてもらったところ，男女ともに性ホルモンが生活習慣病やメンタルに深く関係していることがわかった，と好評でした。

〈文献〉

Brown AMC & Gervais NJ（2020）Role of Ovarian Hormones in the Modulation of Sleep in Females Across the Adult Lifespan. Endocrinology 161 ; bqaa128. doi:10.1210/endocr/bqaa128.

国立がん研究センター（n.d.1）メタボリックシンドローム関連要因（メタボ関連要因）と循環器疾患発症との関連—「多目的コホート研究（JPHC研究）」からの成果.

（https://epi.ncc.go.jp/jphc/outcome/345.html［2021 年 12 月 27 日閲覧］）

国立がん研究センター（n.d.2）Non-HDL コレステロールと循環器疾患発症との関連について─多目的コホート研究（JPHC 研究）からの成果報告．（https://epi.ncc.go.jp/jphc/outcome/8393.html［2021 年 8 月 20 日閲覧］）

厚生労働省（2008）平成 19 年国民健康・栄養調査報告．（https://www.mhlw.go.jp/bunya/kenkou/eiyou09/01.html［2021 年 8 月 20 日閲覧］）

厚生労働省（2018）平成 29 年国民健康・栄養調査．（https://www.mhlw.go.jp/stf/seisaku nitsuite/bunya/kenkou_iryou/kenkou_eiyou/h29-houkoku.html［2021 年 8 月 20 日閲覧］）

Manson JE, Bassuk SS, Kaunitz AM, et al.（2020）The Women's Health Initiative trials of menopausal hormone therapy : Lessons learned. Menopause 27 ; 918-928. doi:10.1097/GME.0000000000001553.

東京都産業保健健康診断機関連絡協議会（2020）職域における定期健康診断の有所見率（平成 30 年）．（http://www.tosankenkyou.com/activity/pdf/2020.pdf［2021 年 8 月 20 日閲覧］）

National Institutes of Health（1991）Women's Health Initiative（https://www.whi.org/［2021 年 8 月 20 日閲覧］）

Noda H, Iso H, Saito I, et al. for JPHC Study Group（2009）The impact of the metabolic syndrome and its components on the incidence of ischemic heart disease and stroke : The Japan public health center-based study. Hypertension Research 32 ; 289-298. doi:10.1038/hr.2009.14.

Saito I, Yamagishi K, Kokubo Y, et al.（2020）Non-high-density lipoprotein cholesterol and risk of stroke subtypes and coronary heart disease : The Japan public health center-based prospective（JPHC）Study. Journal of Atherosclerosis and Thrombosis 27 ; 363-374. doi:10.5551/jat.50385.

Shimokawa H, Suda A, Takahashi J, et al.（2021）Clinical characteristics and prognosis of patients with microvascular angina : An international and prospective cohort study by the Coronary Vasomotor Disorders International Study（COVADIS）Group. European Heart Journal ehab282. doi:10.1093/eurheartj/ehab282.

Writing Group for the Women's Health Initiative Investigators（2002）Risks and benefits of estrogen plus progestin in healthy postmenopausal women : Principal results from the Women's Health Initiative randomized controlled trial. JAMA 288 ; 321-333. doi:10.1001/jama.288.3.321

Bassuk SS & Manson JE（2016）The timing hypothesis : Do coronary risks of menopausal hormone therapy vary by age or time since menopause onset? Metabolism 65 ; 794-803. doi:10.1016/j.metabol.2016.01.004

⑦ るねさんのケース

　　るねさんは，65歳。入社以来，人事で働いており，40代で課長，50代で部長として順調にキャリアを積んできました。最近ではグローバル人事も担当しており，外国への出張やオンライン会議など多忙な日々を過ごしています。結婚は考えたこともありましたが，仕事を優先し，シングルで通しました。若いころから食にも運動にもあまり興味がなかったのですが，健康診断では，やせ以外は指摘されたことはなく，自分は健康だと思ってきました。ところが，退職前に人間ドックを受けたところ，身長が5cmも縮んでおり，骨密度を調べたところ，骨粗鬆症と診断され，治療が必要だといわれてしまいました。

　　88歳になる母親は，昨年に大腿骨を骨折し，しばらく入院した後から，異常な言動が出てくるようになってきました。言ったことを忘れて何度も同じようなことを繰り返したり，「お金を盗まれた」と大騒ぎをすることもあります。筋力が落ちて，トイレも一人では行けず，介護が必要な状態です。

　　退職後は，語学を生かしたセカンドキャリアを考えていましたが，兄弟からは，「あなたは独り身で身軽だから」と介護を押し付けられた感じになり，それも断念しなくてはならないかと憂鬱です。仕事中心の人生だったので，地域に知っている人もおらず，孤立感が強くなっています。

　ここでは，**骨粗鬆症**，**ロコモティブシンドローム**，**フレイル**，**認知症**，**介護**，**幸福度と寿命**について取り上げます。

1 骨粗鬆症

　骨の強度が低下して，骨折しやすくなる骨の病気を「骨粗鬆症」といいます。身長が縮んだり，猫背になったりしたことで気づくこともあります。躓いたときに手をついたら，手首を骨折してしまった，あるいは大腿骨頭骨折を起こして歩けなくなった，ということなども起こりやすくなります。

　骨粗鬆症で骨折しやすいのは，背骨（脊椎椎体），脚の付け根（大腿骨近位部），手首（橈骨），腕の付け根（上腕骨）です。身長が縮むのは，背骨が圧迫骨折を起こしている可能性が強く，そのために猫背になってしまうからです。大腿骨の付け根の部分の骨折は，歩けなくなり，寝たきりになるリスクが高い部位です。

　骨粗鬆症は女性が圧倒的に多く，60代から急激に増えていきます。2005年の患者数の推計では男性300万人，女性980万人とされていたので，現在は，もっと多いと考えられます。

　年齢とともに骨粗鬆症が増えるのは，骨の健康に重要な女性ホルモンが急激に低下することが大きな原因です。腸からカルシウムの吸収が悪くなること，カルシウムの吸収に重要なビタミンDが少なくなること，運動や食事量が減ることなども低下の原因です。また若い時からやせていると，そもそもの骨密度のピーク値が低いので，年をとってからの骨粗鬆症のリスクが高くなります。

　骨は硬い組織なのですが，常に古い骨が壊され，新しい骨が作られています。これを「骨リモデリング」といいます。壊される速度が作られる速度を上回ると，骨密度が低下したり，骨の組織が未熟になり，骨がもろくなります。

　また，骨粗鬆症はさまざまな病気や治療によっても起こります。糖尿病，慢性腎臓病，慢性閉そく性肺疾患，関節リウマチ，甲状腺機能亢進症は代表的な疾患ですし，ステロイドホルモンや抗がん剤などによっても起こることがあります。

　骨は，全身のカルシウム量を管理する重要な組織で，腎臓，脳，すい臓，脂肪組織，生殖器，血管，免疫などとも関連しており，骨の健康＝全身の健康です。旧字の「體」は骨が豊かと書きます。昔の人は，骨が健康に大事なことを知っていたのでしょう。

（1）骨粗鬆症のスクリーニング—FRAX®

　FRAX®はWHOの危険因子と骨密度によって，個人の骨折絶対リスクを評価するツールです。FRAX®のWebサイト（https://www.sheffield.ac.uk/FRAX/）に，数値を入れると，将来10年間の骨折発生確率が計算できます。入力するリスク因子は，年齢（40〜90歳）あるいは誕生日，性別，体重，身長，骨折歴，現在の喫煙，糖質コルチコイド，関節リウマチ，続発性骨粗鬆症，アルコール

（1日3単位※2以上），骨密度（任意）です。

(2) 骨粗鬆症の検査

　骨粗鬆症の検査には，以下のようなものがあります。

◆身長測定：簡単なのは身長測定です。特に原因がないのに身長が4cm以上縮んだときは椎体骨折が疑われます。

◆骨密度検査：骨密度検査では，骨のカルシウムなどを測定します。骨密度は若い人の骨密度の平均値と比較して数値化します。DXA（デキサ）という二種類の低エネルギーX線を用いた検査がもっとも正確であるといわれています。全身の骨密度を測定することができ，整形外科や人間ドックなどで行われています。

◆超音波：踵に超音波を当てて測定します。骨粗鬆症検診でよく行われています。

◆MD法：手の骨のレントゲンとアルミニウム版を一緒に撮影し，その比較で骨密度を測定します。

◆レントゲン検査：主に背骨（胸椎や腰椎）のX線写真を撮り，骨折や変形などを確認します。

◆血液・尿検査：骨代謝マーカーという検査で，骨の破壊と形成の度合いをみることができます。骨粗鬆症のタイプによる薬の選択や，治療の効果をはかるときに行われます。

　骨粗鬆症は，骨密度が低下して骨折しやすくなる病気と考えられてきましたが，骨密度が正常でも，骨折する患者さんがいることがわかってきました。「骨密度」がミネラルを中心とした硬さ，「骨質」はコラーゲンなどが中心であり，その両者が大事なようです。

※2 アルコール摂取量の1単位は，8〜10gで，ビール1杯(285ml)，蒸留酒のシングル(30ml)，グラスワイン（120ml）に相当します。

（3）治療

　骨粗鬆症の治療の目的は，骨のリモデリングのバランスを整え，強い骨をつくることにあります。

①食事

　一般的には，カルシウム，ビタミンD，ビタミンK，そして筋肉を保つことが骨量維持に重要です。カルシウムをサプリメントで過剰にとった場合，高カルシウム血症のリスクがあるといわれていますが，普通の食事で問題になることはあまりありません。ビタミンDは600〜800IU程度が必要で，通常の食事に日光を一日15分浴びれば十分です。しかし，食事が極端に少ない人，日光を浴びていない人などは補う必要があります。

②運動

　運動は，骨粗鬆症予防や転倒予防にも有効だと言われており，ウォーキングやジョギング，階段上り，ジャンプや縄跳び，ラジオ体操，太極拳など，自分の好みに合わせて，続けることが大事です。犬や音楽をお供にして，楽しく続けましょう。

③薬物治療

　薬物治療には，骨吸収を抑制する薬と骨形成を促進する薬があります。

1）骨吸収を抑制する薬

◆**エストロゲン**：更年期治療に使われるホルモン補充療法（HRT）は骨粗鬆症の治療に有効です。

◆**ビスフォスフォネート製剤**：骨粗鬆症の治療にもっともよく使われている薬です。経口薬，注射薬（毎日，週一回，月一回）があります。長期的に使うとかえって骨折が増えること，抜歯などを併行して行うと顎骨壊死が起こることがあると報告されています。

◆**SERM（選択制エストロゲン受容体調整薬）**：SERMは，乳房や子宮には抗エストロゲン作用，骨にはエストロゲン作用がある薬です。閉経後の女性の死亡率を10%下げるといわれています。

◆**カルシトニン製剤**：骨折の痛みに対してよく使われます。
◆**デノスマブ**：RANKL という物質に対する抗体製剤で，半年に一回の注射です。骨密度，骨折予防に効果があり，さらに最近は筋力を増強し，転倒予防にもなるといわれています。

2）骨の形成を促進する薬
◆**活性化ビタミン D₃, ビタミン K₂**：骨粗鬆症に対する効果は単独ではそれほど高くありませんので，ほかの薬と一緒に使われることが多いです。血中カルシウムが上がりすぎないように注意が必要です。
◆**テリパラチド**：強力な骨形成の薬です。1 日 1 回あるいは週 2 回患者さんが自分で注射をする皮下注射剤と，週 1 回医療機関で皮下注射してもらうタイプがあります。
◆**抗スクレロスチン製剤**：スクレロスチンは骨形成を抑制する働きがありますが，その働きを抑えることで骨密度を増やすといわれています。スクレロスチンは血管の石灰化を防ぐ働きもあるため，この作用を阻害すると血管障害が起きることがわかっています。副作用は女性に起きやすく，骨粗鬆症は女性に多い疾患なので注意が必要です。

2 ロコモティブシンドローム

　ロコモティブシンドローム（ロコモ）とは，骨や筋肉，関節の衰えによって，立ち座り，歩行，階段の昇降がしにくくなる状態のことです。ロコモ度チェックは，「立ち上がりテスト」，「2 ステップテスト」，「ロコモ 25」の 3 つがあります。「立ち上がりテスト」は高さ 10〜40cm の台から両脚あるいは片脚で立ち上がることができるか，「2 ステップテスト」はできるだけ大きな歩幅で 2 歩進み，その距離を身長で割った値の評価，「ロコモ 25」は運動器の症状や日常動作の質問票です。
　大丈夫だと思っていても，意外に低い点数かもしれません。テストのやり方は下記のサイトで動画でも見ることができるので，試してみてください。
　ロコモ ONLINE（https://locomo-joa.jp/check/test/）

③ フレイル

　フレイル（虚弱）とは，年齢とともに筋力や認知機能などが低下し，日常生活ができなかったり，介護が必要になる状態のことです。

　国立長寿医療研究センターにおいて，65歳以上の高齢者を対象に，体重減少，筋力低下，疲労感，歩行速度の低下，身体活動の低下の5つの観点からフレイルのチェックをしたところ，フレイルもその予備群も女性に多いことがわかりました。やせ，骨粗鬆症，筋力低下，うつ，認知症，社会的ひきこもりなどはフレイルの原因になるといわれています。

④ 認知症

　認知症とは，「正常だった精神機能が慢性的に損なわれる，日常生活・社会生活ができなくなった状態」とされています。加齢にともない，物忘れが増える，気が短くなる，反応が遅くなる，などは誰しも起こることです。加齢によるものか，病気によるものか，判断が難しいこともありますが，一般的には，加齢による物忘れは，何らかのヒントで思い出すことがある，忘れたことを自覚できるのに対し，病気による物忘れは，記憶がすっぽり抜け落ちる，忘れたことの自覚がない，と言われています。ただ，認知症の種類によっては記憶障害が目立たないものもあります。

　65歳以上の高齢者のうち認知症を発症している人は推計15％で，2012年時点で約462万人，認知症の前段階である軽度認知障害（MCI）の高齢者も約400万人いるといわれており，65歳以上の4人に1人が認知症とその“予備群”となる計算です。

(1) 症状

　認知症の症状には，「中核症状」と「周辺症状」があります。

　中核症状の代表的なものが記憶障害です。特に直前に起きたことを忘れてしまうことが多いです。一方で，古い過去の記憶は残っていますが，徐々にそうした記憶も失われていきます。場所や時間，名前などがわからなくなる，説明してもなかなか理解できない，物事を決められない，言い間違いが増える，な

表1 代表的な認知症

	アルツハイマー型	脳血管性型	レビー小体型	前頭側頭葉変性症
原因	アミロイドタンパクやタウタンパクの異常沈着の可能性。糖代謝異常など	脳梗塞や脳出血などによる脳の細胞壊死	パーキンソン病にみられるレビー小体が脳組織に沈着	前頭葉と側頭葉の萎縮，血流低下
検査	海馬領域の萎縮，アミロイドPET，タウPET，髄液のアミロイド物質の検査など	画像診断で脳梗塞，脳出血	ドパミントランスポーターシンチグラフィ，MIBG心筋シンチグラフィ	前頭葉と側頭葉前部の萎縮，血流低下，遺伝子検査など
初期症状	物忘れ，記銘力障害	脳卒中の部位により，運動障害，言語障害など	記憶障害は軽度，認知機能が変動する，パーキンソン様症状，幻視，幻視に伴う被害妄想	意欲がなくなる，記憶障害，失語症
特徴的な症状	物忘れ，記銘力障害が徐々に進行する，周辺症状	物忘れ，運動障害，言語障害など。症状はよくなったり悪くなったりする	記憶障害，認知機能低下，パーキンソン病様症状の悪化，幻視，幻視に伴う被害妄想，睡眠障害	失語症，同じことを繰り返す，過食や異食，自己本位的な行動や万引きや盗食などの反社会的行動，自発性の低下，周囲に無関心

どの症状もあります。

　周囲が対応に困るのが，「周辺症状」です。妄想，抑うつや不安などの精神症状と，徘徊，興奮，攻撃，暴力などの行動異常です。物を盗られたなどの被害妄想，夜間に大きな声で騒ぐ，物を壊す，いつの間にか外に出かけ行方不明になる，他人の家に入り込むなど，本人だけではなく，周囲を巻き込みますので，介護者の心身の負担が大きくなります。

(2) 代表的な認知症

　認知症には主に，アルツハイマー型，脳血管性型，レビー小体型，前頭側頭葉変性症，その他があります。表1に特徴をまとめましたが，それぞれがはっ

きり分けられるわけではなく，症状が似通っていたり，病理所見にも重なる部分があったりします。

　アルツハイマー型は女性に多く，脳血管性型は男性に多いです。また，最近注目される若年性認知症（18〜64歳で発症）は，有病率が人口10万人あたり50.9人と推定されており，男性のほうが多い傾向にありました。

（3）治療

　いずれの認知症も，「この薬を飲めば治る」というものはありません。中核症状への薬物療法としては，経口剤，貼付剤がありますが，やる気を回復することはあっても記憶障害が治るようなことはありません。

　大事なことは，困っていることに対し，改善できる方法を探し出すことです。

①視力や聴力のチェック

　視力や聴力の低下があって，認知症のように見える場合があります。話しかけても反応がない，目の前に何かを差し出しても見ない，などを確かめてみましょう。

②食事

　高齢者の方は，しばしばカロリーは取れていても，必要な栄養素が取れていないことがあります。胃の手術などをしているとビタミンB_{12}，鉄などが欠乏していることもあります。中高年時代のメタボ対策をそのまま継続して，必要なタンパク質や脂質を摂っていないのではないか，歯や飲み込む力が保たれているか，などをチェックしてみましょう。

③薬をチェック

　またお薬の影響をチェックするのも大事です。高齢者は不眠を訴えることが多く，睡眠薬が多くの方に処方されています。代謝が悪くなっているので，長時間効きすぎてしまったり，薬の中には記憶障害を起こしやすいものもあります。複数の科で同じような薬が出ていて過量投与になっている場合，複数の薬剤の相互作用で記憶や行動に異常をきたす場合もあります。現在の年齢で本当に必要なものはどれか，主治医とよく相談してみましょう。

④コミュニケーション

　お金が盗まれた，無くなったという訴えは多いです。いわゆる妄想障害のようなありえない話ではなく，本人の心配事が被害妄想として出てくることがあります。そんなことはあり得ない，と理詰めで説明しても，わかってもらえず，感情的なしこりを残してしまうことがあります。記憶が失われており，物事の前後が理解できていないことが不安となって表れているのかもしれません。合理的な説明より，本人の不安やなぜそうしたかを聴き，具体的にできることを考えた上でその時にできる対処法を考えましょう。

(4) 介護

①介護はひとりで頑張らないこと

　父と母，娘と息子，それぞれの関係性には歴史があります。母親と娘は近すぎる存在であることが，愛憎を伴い介護を難しくする場合もあります。一人でなんでも背負わず，周りに協力を求めましょう。

②適宜な距離を保つ

　なんでもやってあげなくては，という気持ちが強すぎて，親の自律，自由を奪ってしまうことがあります。適宜な距離感を保ちましょう。

③できることとできないことを冷静に考える

　仕事を辞めて介護に専念しなければ申し訳ない，という考えが浮かんだら，自分自身のキャリアやライフプランをもう一度考えてみましょう。ここまでやっている「のに」，感謝して「くれない」など，「のに」「くれない」が心に浮かぶようになったら要注意です。

④介護サービスを活用する

　介護サービスにどのようなものがあるかは案外知らないことが多いです。職場や地域の介護に関する情報を集めてみましょう。企業によっては，介護を経験した社員の交流会やセーフティネットを作っているところもあります。

⑤活用できる制度

　介護に関する制度は年々変化しています。介護休業は，対象家族1人につき通算93日まで3回を上限として分割取得可能（非正規雇用の場合は条件あり），要介護者が1人の場合は5日介護休暇を取得できますし，令和3年からは雇用形態にかかわらず，時間単位で取得できるようになりました。

　介護は終わりが見えにくく，介護するほうもそれなりの年齢になっており，心身の負担も大きく，経済的にも厳しい場合があります。介護サービスは以前に比べ，選択肢も増えてきました。在宅介護サービス，オンラインサービスなどもあります。いろいろな工夫で乗り切りましょう。

⑤ 幸福度と寿命

　2011年のScienceという国際的医学誌に「幸せな人は幸せでない人に比べ寿命が14%も長い（Happy people live longer）」という記事が載りました（Frey, 2011）。その後，幸福度と寿命に関して，たくさんの研究がなされ，同様の結果が蓄積されています。

　幸福の定義は難しいですが，これらの研究から自覚的幸福感，つまり自分の人生に価値を感じている，目的意識がある，楽しんでいる，満足に思っているということが重要であり，必ずしも病気の有無とは関係ないことがわかっています。自覚的な幸福感は，①身近な人との交流，②社会的活動，③経済基盤，④運動，健康的な食事，質の良い睡眠と強い関連があることがわかっています。

るねさんが始めたこと

　るねさんは，医師と相談し，骨粗鬆症の薬を始めることにしました。積極的にタンパク質，ビタミンD，カルシウムなどを摂り，軽い貧血もあったので，鉄鍋で調理することも始めました。地元のスポーツクラブに入会し，ヨガと水泳も始めました。今まで地域の人との交流はほとんどありませんでしたが，スポーツクラブで多くの友人を作ることができ，介護の情報なども得られるようになりました。

　母親は認知症外来を受診し，薬が開始されました。介護認定で「要介護2」となり，在宅医療サービスも受けられるようになりました。今までは，自分だけが介護を押し付けられたという被害者意識が強かったのですが，徐々に介護のノウハウがわかってきて，精神的にも少し余裕ができてきました。自分に余裕ができたことで，母親の状態も少し落ち着いたような気がします。

　新聞で，オンラインで活躍している高齢者の記事を読み，自分もこうした方法で何かできるかもしれない，と夢が膨らんでいます。

職場への要望：介護と仕事の両立に悩む社員が増えてきているので，介護休業や介護休暇についての情報をまとめて，社内ホームページに掲載してもらいました。介護カフェを開催したところ，思いのほか人が集まり，介護に関する情報ポータルサイトを作成することになりました。

〈文献〉

朝田隆（研究代表者）（2013）都市部における認知症有病率と認知症の生活機能障害への対応 平成23-24年度総合研究報告書（厚生労働科学研究費補助金 認知症対策総合研究事業）．（https://www.tsukuba-psychiatry.com/?page_id=806［2021年8月20日閲覧］）

粟田主一（2020）若年性認知症の有病率・生活実態把握と多元的データ共有システム（日本医療研究開発機構認知症研究開発事業）．（https://www.tmghig.jp/research/AMED-research/［2021年8月20日閲覧］）

FRAX® Fracture Risk Assessment Tool（https://www.sheffield.ac.uk/FRAX/［2021年8月20日閲覧］）

Frey BS（2011）Happy people live longer. Science 331 ; 542-543.

厚生労働省（2009）若年性認知症の実態等に関する調査結果の概要及び厚生労働省の若年性認知症対策について．（https://www.mhlw.go.jp/houdou/2009/03/h0319-2.html［2021年8月20日閲覧］）

厚生労働省（2019）認知症施策の総合的な推進について．（https://www.mhlw.go.jp/content/12300000/000519620.pdf［2021年8月20日閲覧］）

ロコモONLINE―日本整形外科学会 ロコモティブシンドローム予防啓発公式サイト（n.d.）ロコモかどうかCheckしよう．（https://locomo-joa.jp/check/［2021年8月20日閲覧］）

内閣府（2017）平成29年版高齢社会白書（概要版）．（https://www8.cao.go.jp/kourei/whitepaper/w-2017/html/gaiyou/s1_2_3.html［2021年8月20日閲覧］）

二宮利治（研究代表者）(2015）日本における認知症の高齢者人口の将来推計に関する研究（平成26年度厚生労働科学研究費補助金特別研究事業）．

Shimada H, Makizako H, Doi T, et al.（2013）Combined prevalence offrailty and mild cognitive impairment in a population ofelderly Japanese people. Journal of the American Medical Directors Association 14 ; 518-524.

Yoshimura N, Muraki S, Oka H, et al.（2009）Prevalence of knee osteoarthritis, lumbar spondylosis and osteoporosis in Japanese men and women : The research on osteoarthritis/osteoporosis against disability study. Journal of Bone and Mineral Metabolism 27 ; 620-628.

Yoshimura N, Muraki S, Oka H, et al.（2010）Cohort profile : Researchon osteoarthritis/osteoporosis against disability（ROAD）Study. International Journal of Epidemiology 39 ; 988-995.

Yuki A, Otsuka R, Tange C, et al.（2016）Epidemiology of frailty in elderly Japanese. Journal of Physical Fitness and Sports Medicine 5 ; 301-307.

第 2 部

女性がしなやかに
働くための
スキル

第 5 章

レジリエンス

アフターコロナの時代の女性に必要不可欠なスキル

市川佳居

①　レジリエンスとは

　レジリエンス（resilience）とは，しなやかな強さ，精神的回復力，復元力などとも訳され，挫折や苦境から回復する力のことです。職場においては，いつ降りかかるかわからない想定外の出来事に対し冷静に対処すること，新しい環境，変化，多様な状況に対してしなやかに対応できる力をさします。

　レジリエンスを兼ね備えた人は，いきいきとしていて，心身ともに健康な状態でいることができ，仕事上で困難なことや，今まで経験したことがないことを任されたときにも，うまく乗り越えられます。レジリエンスは，ストレス社会をしなやかに生き抜く上で重要なスキルと言えます。

　新型コロナウイルス感染症（以下，新型コロナ）の流行により，在宅勤務が増え，出張は減り，会議はオンラインで行い，また，友人や親との接し方，子どもの教育環境の変化など，仕事も生活様式も大きな変化への対応をしなければならなりました。このようなストレスや不安を感じる状態をうまく乗り越えるためのスキルもレジリエンス力です。乗り越えようと頑張りすぎて，倒れてしまうのではなく，無理なく，心身のバランスを保ちながら変化に対応し，新しい環境に対応していくのです。

　ウィズコロナ時代では，ますます，レジリエンスが求められています。2020年5月に放送されたNHKスペシャルの中でノーベル経済学賞の受賞者である米ハーバード大学のローレンス・サマーズ教授はこう述べています。

　　アフターコロナの世界では，出張は減って会議はオンラインで行い，職場に通わず在宅勤務が増えるだろう。個人，企業，社会のいずれもショックに対するレジリエンスが問われる。効率を重視して必要なものを必要なだけ，必要な時に調達するジャスト・イン・タイム的な手法から，いざという時に備えて在庫や予備のキャパシティーを用意するジャスト・イン・ケースに軸足を移さざるを得なくなる。あらゆる企業が戦略の見直しを迫られる。

　同じくノーベル経済学賞受賞者である米スタンフォード大学のマイロン・ショールズ教授もこのように述べています。

　　ショックが起きた時にもっとも大事なのはレジリエンスだ。ショックに対して生き残れるかどうかは立ち上がる力こそが問われる。コロナ危機をきっかけにこれまで考えていなかったような形で経済も社会も変わるだろう。実現までに何年もかかると思っていた変革が一気に加速する。

　ではレジリエンス力を常日頃からつけておくにはどうしたらいいのでしょうか。

2 レジリエンスの要素

　個人のレジリエンスの向上に必要なのは，自分の軸・しなやかな思考・対応力・人とのつながり・セルフコントロール・ライフスタイルの6要素です（図1）。これらは研修やコーチングを受けて，後天的に高めることができます。欧米では，リーマンショック後に多くの企業が従業員にレジリエンス研修を提供し，病気にならずに不況を乗り越え，仕事上の変化を受け入れ，新しいことに挑戦する柔軟性を育成しました。2012年のロンドン・オリンピック・パラリンピックの成功のために関わった8,000人のロンドン交通局の職員全員もレジリエンス研修を受けました。

　1番目の「自分の軸」とは譲れない価値観のことで，自分の軸がある人は，内なる強さを持ち，困難な状況でも冷静に対処できます。例えば，遠方への栄転を命じられた際，キャリアアップ優先の価値観を持つ人は喜んで受け入れま

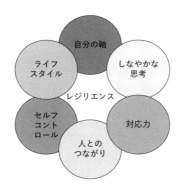

図1 レジリエンスの 6 つの要素
出典：©Positivelives Ltd./© レジリエ研究所（株）日本語版

すが，家族の時間を大切にしたい人は断っても，後で後悔することがありません。女性の場合，子育てと仕事のどちらかを選ぶというチョイスを迫られることがありますが，自分の軸が安定している人は，どちらを選んでも後悔しません。

　自分の軸を長所として持っている有名人の例として，アップル社の創始者，故スティーブ・ジョブズがいます。彼の語録に，「私はアップルの経営を上手くやるために仕事をしているわけではない。最高のコンピューターを作るために仕事をしているのだ」という言葉があります。経営を上手く行う，という価値観と，最高のコンピューターを作る，という価値観は時には社内で対立します。最高のコンピューターを作るには，コストや時間がかかりすぎ，収益が減ってしまいかねないからです。ジョブズの自分の軸はぶれることがなかったため，彼自身は，迷わず，最高のコンピューターを作り続けました。

　ですが，自分の軸だけに頼りすぎると独断となってしまうこともあるので，より良質な判断をするためには，違う人の意見を取り入れるなど，情報収集をする必要があります。

　2番目の「しなやかな思考」とは，自分の考え方の癖を自覚して，違う意見を取り入れることができる力です。「しなやかな思考」を持つ人は聴き上手なので，人から多くの情報を引き出すことができます。仏陀は，「過去に生きるな。未来を夢見るな。今この瞬間に集中しなさい」と述べています。言い換えれば，マインドフルに今この瞬間に注意を集中すれば，周囲のいろいろな情報や意見

に耳を傾けることができるということです。

　例えば，子育てを始めると，今までわからなかった親の気持ちがわかるようになる，ともいいます。ですが，母親と子育てに関する意見が異なることもあります。そういう時に，とりあえず経験者である母親の意見に耳を傾けてみる，というのもしなやかな思考を伸ばす訓練になります。それによって，母親が子育てを手伝ってくれるようになり，仕事と子育ての両立がしやすくなる，というメリットがあったりします。

　また，新型コロナによって，今まで公衆衛生学に興味がなかった一般の方が，WHOや国立感染症研究所，米国のジョンズホプキンズ大学のサイトなど見て新しい知見を学ぼうとする姿勢は，しなやかな思考を伸ばす訓練になっています。

　3番目の「対応力」は，問題を解決する力です。対応力を高める方法の一つとして，自分ではコントロールできない問題には距離をとって静観し，自分でコントロールできること，調整できることに注力することがあります。例えば，いつも定例会議が延長してしまうという問題に対し，会議を中止するという提案は無理ですが，タイムキーパーを置いたり，事前に議案を集めて資料を配布したりすることは，調整可能なことです。新型コロナに関して言えば，感染を防ぐために，持病のある親族には会わないように我慢しよう，でもそのかわりに，定期的にビデオ電話で会話をしよう，などと問題解決や対応をする力のことです。対応力は，仕事や生活を通して，スキルアップが可能ですが，問題があることに気付かない人は，まずそれが問題です。例えば，熟年離婚などがいい例です。気づいたときにはもう取り返しがつかないのです。さらに，頑張りすぎて，ストレスが溜まっているのに気づかない人も多くいます。日本人は特に感情が身体の状態に出やすいと言われているので，頭痛，肩こり，腹痛などの身体の変化に意識を向けることにより，ストレスに早めに気づき，対応を変えるなどすることによって，早期に解決することができます。

　4番目は「人とのつながり」です。世の中には1人では解決できない問題も多く，いざというときに助けてくれる同僚や心の支えとなってくれる人がいることにより，困難を乗り越えることができます。また，逆に，困っている相手を支援することで，人との信頼関係を普段から培っておくことも大事です。人とのつながりの力がある人は，困難な状況下でも家族や仲の良い友人などと，お互いの苦難に共感し合うことで強くなれます。また，必要に応じて，専門家，

コーチやメンターの意見を求め，問題の新たな視点や気づきを得ることができます。女性は男性に比べて，共感力が高く，人とのつながりの力が強みであることが研究で証明されています（Christov-Moore et al., 2014）。

　さて，人とのつながりがあるということは逆に，相手のことを気にしすぎたり，あるいは，意見が衝突して傷ついたり，怒りを感じたりすることもあります。レジリエンスが高い人は，そういう場合でも冷静に自分の感情をコントロールする力，「セルフコントロール」力を持っています。

　5番目の「セルフコントロール」は，人と衝突したり，傷ついたり，怒りを感じたりすることがあっても，冷静に自分の感情をコントロールする力をさします。最近では，マインドフルネス瞑想が感情のコントロールに大変効果的であることから，取り入れる人が増えてきました。人間の脳の中には，扁桃体という部位があり，この部位は，危険から私たちを守るために，危険を察知すると相手を攻撃するか，もしくは逃避するかという反応を衝動的に起こさせます。ところが，職場や社会でこれをやってしまうと，衝突が起きたり，言ったことやSNSで投稿してしまったことを後悔するはめになります。マインドフルネス瞑想を実践することにより，扁桃体を鎮めることができるようになるため，物事を落ち着いて判断して，行動できるようになります。

　6番目の「ライフスタイル」とは，バランスのとれた食事，運動，睡眠によって，心身ともに健康を保っている状態のことです。健康なライフスタイルの方は，アルコールや喫煙など，いわゆる依存性のある行動に頼らずに，健康的にリフレッシュでき，自分のための時間を取ることを忘れません。また，自然と接してメンタルをリセットしたり，常に好奇心を持って新しいことにチャレンジしていくことも大切です。

③ レジリエンス・アセスメント

　レジリエンス力は，自己採点して数値化することができます。それにより，客観的に自分のレジリエンスの強み，弱みを理解することができます。例えば，レジリエ研究所のレジリエンス・アセスメント（https://resilie.co.jp/dia/public/）は24問で，回答すると図2のようなアセスメントが出ます。

　アセスメントに基づき，レジリエンス力を向上する方法を研修やコーチング

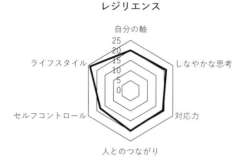

図 2　あなたのレジリエンス度
（© レジリエ研究所）

で学び，練習を積み重ねることによって向上することができます。

　レジリエンス力の高い人は，メンタルヘルス疾患にかかりにくく，健康でやる気があり，生産性が高いです。そのような方は仕事でもよいチームワークを発揮してワーク・エンゲイジメントが高い職場を作り，私生活もバランスのよい充実した生活を送ることができます。

　レジリエンス力を高めたい場合，まずはレジリエンス度を測定して，その後，自分の長所を活用して，今直面している課題を解決できないか，考えてみてください。例えば，ライフスタイルが長所で対応力は短所だとします。そういうあなたが，仕事で行き詰まったとき，ライフスタイルという長所を使って，少し運動をしてリフレッシュしてみたら，仕事の課題の対応方法の糸口を思いつくかもしれません。結果，あなたの対応力は少し向上します。こういうことの繰り返しでレジリエンス力は高まっていきます。

④ 女性のレジリエンスの特徴

　レジリエ研究所の発表によると，レジリエンスには男女差があることがわかりました（市川，2021）。

　男性はキャリアを通して数値が一貫しているのに対し，女性は35歳〜44歳がもっともレジリエンス力が高くなります（表1）。キャリアの観点からレジ

表1　女性のレジリエンスの年代による変化（n = 276）（市川，2021）

年代	平均値	15〜34歳	35〜44歳	45〜54歳	55〜74歳
15〜34歳	4.20	—	.47	.35	.33
35〜44歳	4.49	—	—	.11	.14
45〜54歳	4.42	—	—	—	.03
55〜74歳	4.40	—	—	—	—

表中右上は効果量（d）

表2　女性のレジリエンスを高める6つの要因の年代による変化（n = 276）（市川，2021）

15〜34歳	35〜44歳	44〜54歳	55〜74歳
人とのつながり	自分の軸	自分の軸	自分の軸
自分の軸	人とのつながり	人とのつながり	人とのつながり
しなやかな思考	しなやかな思考	しなやかな思考	しなやかな思考
ライフスタイル	ライフスタイル	セルフコントロール	ライフスタイル
対応力	対応力	対応力	対応力
セルフコントロール	セルフコントロール	ライフスタイル	セルフコントロール

リエンス力の向上を考えるには「対応力」に着目する必要があります。対応力とは問題解決力とも捉えられ，女性の場合は，年代を通して，相対的に低く推移する傾向がありますが（表2），この「対応力」は，35歳〜44歳で著しく高くなります（図3）。女性は35歳〜44歳が，自分の中で一番パフォーマンスが高い時期であり，高度な仕事や，体力を使う子育てと仕事の両立などはこの時期にやるべき，またはやりやすいと解釈できます。

　一方，45歳以上の女性のレジリエンスは何が起きているかというと，35歳〜44歳で一気に高まったレジリエンス要素の中の，「対応力」が徐々に低くなっています（図3）。これはどうしてでしょうか。

　職場ではキャリアの男女差が出て，女性はルーティーンワークが多くなり，新しいプロジェクトを任される場面が少なくなるいうことが影響しているかと思います。問題解決力や対応力は，使わないと低下します。それにより，ます

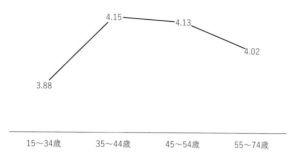

図3　働く女性の「対応力」の変化
（市川，2021）

ます自分の問題解決力に自信を失い，チャレンジへの意欲低下という悪循環が
生じます。家庭でも，そろそろ親の介護の問題などが始まり，対応に関する不
安や不全感が頭をよぎります。

　そんな時のアドバイスとしては，女性の強みである「人とのつながり」力を
使って（表2），介護の専門家に相談したり，職場では自分にとっては難しそ
うなタスク経験のある同僚や先輩に教えてもらったり，それでもできない場合
はお願いしたりしてしまえばいいのです。

　女性のレジリエンスを向上するには，本人と職場の上司の両方の理解と協力
が必要です。働く女性自身は，職場で少し難しそうな仕事にも手を挙げて，あ
るいは，お願いされても断らずやってみるといいと思います（昇進を断る男性
はほとんどいませんが，女性は意外と多いのです）。こういうことの繰り返し
でレジリエンス力は伸びていきます。

〈文献〉

Christov-Moore L, Simpson E, Coudé G, et al.（2014）Empathy : Gender effects in brain
　　and behavior. Neurosci Biobehav Rev 46 ; 604–627.
市川佳居（2021）「折れない心」を作るために（特集 レジリエンスを高めよう）．地
　　方公務員安全と健康のフォーラム 116 ; 4-8.
NHKスペシャル「苦境の世界経済 日本再建の道」2020年5月24日放送．（https://
　　www3.nhk.or.jp/news/html/20200605/k10012457941000.html〔2020 年 6 月 15 日 閲

覧]

レジリエ研究所（n.d.）レジリエンス・アセスメント．（https://resilie.co.jp/dia/public/
［2021 年 8 月 2 日閲覧］）

第 **6** 章

アサーションで言いたいことを
上手に伝えて，パワハラ回避

アサーティブで行こう！

市川佳居

　働く女性のストレスの原因の第1位は「職場の人間関係」だということをご存知でしょうか。厚生労働省（2013）による調査では，48.6％の働く女性が，ストレスの原因は職場の人間関係であると答えています。これは，雇用の安定（18.7％）や，昇進の悩み（13.7％），仕事の量的負荷（27％）よりも抜きん出て多くなっています。

　人とのつながりやネットワークづくりが上手なのはレジリエンス力における女性の長所ではあるのですが（前章），それが裏目に出ると，密になった人間関係からのもつれなどに巻き込まれて悩むことになり，相手の気持ちに配慮しすぎるあまり，抱え込んでストレスになってしまう方が多いようです。

　対人関係の悩みを解決するあるいは予防する方法の一つは，健康なコミュニケーション方法を身につけることです。ストレスを溜めず，きちんと自己主張をしながら，しっかりと自分の気持ちを相手に伝える“アサーティブ”なコミュニケーションはストレスを減らす一つの方法です。本章では，アサーティブなコミュニケーションとは具体的にどういったものなのか，どうすれば仕事や普段の生活にアサーティブなコミュニケーションを取り入れることができるのかを解説します。

1 I am OK and You are OK.

　アサーティブは下記のように定義されます（Baer, 1976 ; Butler, 1992）。

　他の人の意見を尊重しつつ，自分にとって必要なもの，欲しいもの，感じていること，信じていることについて伝える行動のことであり，それによって，人との葛藤を減らし，自分に対する自信を構築し，職場での関係を改善することができるコミュニケーションスキル

　アサーティブが形容詞，アサーティブネスが名詞ですが，日本では「アサーション」と紹介されている場合もあります。

　コミュニケーションには3種類あると言われており，1つはアグレッシブ，攻撃的なコミュニケーションです。英語で言うとわかりやすいのですが，「I am OK, You are not OK.」という考え方で，「私は正しいけれど，あなたは間違っている」という考え方です。2つ目はパッシブという非常に消極的なコミュニケーションで「I am not OK, You are OK.」という，あなただけが正しいという考え方。そして3つ目が「I am OK and You are OK.」という考え方で，これがアサーティブなコミュニケーションです。「私とあなたの意見は違うけれど，どちらも正しいですよね」と自分も相手も対等な人格を持った人間であることを認めるコミュニケーションの方法です。つまり他の人の意見を尊重しつつ，適切で正直な表現で自分の見方や気持ちを語ることをアサーティブなコミュニケーションと呼んでいます。これはコミュニケーションの一つの方法ではありますが，突き詰めていくと，その人の生き方そのものにまで影響を与えるものです。反対にアサーティブな生き方をしている人は，コミュニケーションの方法も自然にアサーティブになっています。

② 相手の人格や性格は変えられない
　変えられるのは，相手の行動だけ

　自分の気持ちが相手に伝わる言い方とは，また，反対に相手に伝わらない言い方とは，どのような言い方でしょうか。

　方法の一つとして「I（私）」を使うコミュニケーションがあります。「私の状況」を説明し，「私の気持ち」を伝え，最後に「私の要求」を伝える三段階のコミュニケーションです。具体的な例を挙げると，毎晩夜中に電話をかけてくる友達がいて，なかなか電話を切れないことが続いたとします。あなたは翌日会社に

行くために 6 時半に起きなくてはいけないので，だんだん電話に出るのが苦痛になって，次に電話がかかってきた時は取らなくなってしまう。そうするとせっかくの友人との関係が疎遠になってしまいお互いに寂しい思いをしなくてはなりません。ですから，まず朝が早いという自分の状況を説明します。次に困っている気持ちを伝える。そして最後に，これからは 10 時までに電話をかけて欲しいという要求を伝えます。単純なことですが，このような伝え方をすることで，友人であれば納得してくれると思います。

　ビジネスの場を例にとると，仕事でかなりの責任を持たされ，フォーマルな会議に出席する機会も多くなっているとします。しかし物事は会議の場だけで決まるとは限りません。一部の人たちだけで休憩時間などに雑談をしながら決まってしまうことも多く，次に会議に出席した時には，もう既に決まっている。そこで黙っていては次回も同じようになってしまうので「私は知りませんでした」と一言，自分の状況を言う。そこで怒ってしまうのはアグレッシブなコミュニケーションです。一言言うことで周りの方は気がつくはずです。それでも改善されなければ，「次回は私も入れてください」と要求を伝える。これは段階を経て徐々に加えていけばいいと思います。

　受け入れられない，伝わらない言い方は，相手の人格，性格を否定する言い方です。私たちは相手の人格や性格を変えることはできません。変えることができるのは相手の行動だけです。ですから「こうしていただけますか？」という要求は伝えられても，「あなたの性格はダメだ」と言って相手を変えることはできないし，気持ちも伝えることはできません。「私は私の気持ちを話すことができる」というところにフォーカスを置きましょう。

　日本人には言わないこと，我慢することが美徳という気持ちがあると思いますが，我慢して，それを自分の中におさめられるのであれば良いと思います。しかし，怒りがあってそれを抑圧し続けた場合，うつ病や神経症などの病気になってしまう場合があります。その場合はどこかで断ち切って自分の気持ちを伝えていったほうが良いと思います。

③ アサーティブの基本は，自分の状況と気持ちを素直に伝えること

　次に，さまざまなシチュエーションで相手に自分の気持ちを伝えるコツを紹

介します。

　どのようなシチュエーションにおいても，まずは自分の状況と気持ちを素直に伝えることが重要です。特にビジネスの場合は現在自分が置かれている状況をしっかりと伝える必要があります。また，友人の誘いなどの個人的な関係の場合は，なぜ自分が嫌だと思っているのか，断ろうと思うのか，自分の否定的な気持ちとまず向き合うことが必要です。どう伝えようかというテクニックはその後の話だと思います。そしてその時に相手との関係性を考えます。相手が今後自分の人生の中でどの程度影響力のある相手なのかを考え，影響力のある人であれば自分の気持ちを伝えて理解してもらうことが必要ですし，そうでなければある程度距離を置くことも良いと思います。

　上司が部下を叱る，親が子どもを叱る，友人に対して怒りを伝える，など怒りの感情を伝える場合ですが，一番大切なのは自分が怒りを感じている時には相手を怒らない，ということです。自分の感情が高ぶっている時に相手を怒ると，怒りという感情だけは伝わりますが，実際どのように相手に行動変容をして欲しいのかが伝わらず，将来性の無いコミュニケーションになってしまいます。ですから自分がすごく怒っているなと思ったら，自分自身にタイムアウトを取るのです。ちょっと外に出て深呼吸をするとか，あるいは一晩置いてみるとか……。自分が一息ついて大丈夫だと思ったら，「私はあなたがこれをした，これを言った時にとてもがっかりした，ショックだった。これからはこうして欲しいと思う」というふうに伝えます。友人に怒りを伝える時も自分が冷静になるまで待って，「あなたは大事な友達だから気持ちを伝えようと思った」という言葉を添えるとより伝わりやすいかもしれません。

　日本人は褒めることが不得意といわれますが，相手を褒めることは非常に大事です。ルールとしては9：1です。9割褒めて，1割批判や直して欲しいことなど建設的なコメントをする。そうすると人間はやる気が出ます。特に子ども，配偶者，友人などはそうですね。日本人のメンタリティーとしては自分の家族は自分の一部という感覚があると思います。するとその身近な人を褒めると自分を褒めているようで恥ずかしいという気持ちになります。しかし子どもにも自我がありますし，家族であっても自分と相手は独立した個人なので，それを尊重し距離を置くことにより身近な相手でも褒めることができるようになります。

　褒める時のコツは，その人の行動を褒めることです。例えば，「これをやっ

てくれてありがとう」とか「あなたの仕事は正確で早い」などです。「あなたはいつもニコニコしていて明るい」など相手の性格を褒めるのは「そうじゃない時，悲しい時もあるのに」と，間違っている場合もあるため避けたほうがいいでしょう。

　相手に何かを交渉する，お願いごとをする場合は，ネゴシエーションスキルが必要です。まず相手と自分に同じゴールを作ることが前提となります。相手と自分では得るものが違う場合もありますが，最終的な結果として何をゴールにするか，という部分で，共通するものが何か一つは必ずあるはずです。違うところに立っていても，共通のゴールを見つけてそれに対して相手がどうしたいかを聞く。そして自分の気持ちを伝える。そこから交渉していけばゴールが同じですから，うまく交渉を運ぶことができると思います。上司が部下にやる気を起こさせる場合も，達成可能な目標やゴールを一緒に設定します。その目標が半年後に達成できるような目標であれば，2週間ごとに小さなゴールを設定し，その都度褒めていくことで部下はモチベーションを高めていくことができます。

　アサーティブなコミュニケーションを行うと，自分自身が前向きに物事を捉えられるようになります。失敗してもどこが悪かったのか，どこを変えれば良いのかを考え，実行することができるようになります。また自分を認め，自分の気持ちを素直に適切な表現で相手に伝えられるようになれば，自分に自信を持つこともできるでしょう。

　家族の形態も変わり，終身雇用も崩れた現在，社会の環境がよりアサーティブなコミュニケーションを求める方向に変わってきているのではないでしょうか。

（1）自己表現の4つのポイント

　アサーティブなコミュニケーションを行う上で必要な自己表現には，以下の4つのポイントを意識するとよいでしょう。

①肯定的な気持ちを表す

　「私ががんばったと認めてくれると**嬉しい**」，「あなたの仕事ぶりは**大したものだ**と思う」など

②否定的な気持ちを表す

「あなたに怒鳴られた時，**動揺した**」，「あなたが締め切りに間に合わなかったのには**がっかりした**」など

③自分の境界線を引く，限界を伝える

「6時には子どもを保育園に迎えにいかなくてはならないのよ。話し合いを明日の朝に持ち越すことはできる？」，「手伝ってくれるというのは嬉しいけど，自分でやってみたいの」など

④先へ先へと手を打つ

「もう少し詳しく説明してもらえる？」，「休憩にしませんか？」，「このプロジェクトには興味があり，ぜひやってみたいと思っています」など

(2) アサーティブのテクニック

相手に物事を伝える際には，以下のようなちょっとした工夫も自己を表現する上で役立ちますので，こちらも意識してみましょう。

◆目を見て話す
◆くつろいだ姿勢をとる
◆言っていることと表情が一致するように心がける
◆冷静さを保ち，上ずった声にならないようにする
◆時期を選ぶ
◆自分で自分を敗者とするような行動（話の仕方）を変える

非自己表現や攻撃的なコミュニケーションをするように囁く「内なる声」のせいで，人はしばしば自己表現を妨げられます。その「声」とは，過去の経験に基づいていて，自己表現するコミュニケーションで成功するイメージを持てずにきたことから生じています。上記のようなテクニックの習得は「練習あるのみ！」です。

(3) アサーティブ度チェック

以下の質問を自問してアサーティブ度を測ってみましょう。

（強く当てはまる＝5点，たいてい当てはまる＝4点，たまには当てはまる
＝3点，あまり当てはまらない＝2点，まったく当てはまらない＝1点）

□自分の気持ちや好みを人前で言える
□必要なときに人に助けを求めることができる
□怒りやいらだちを適切に表現できる
□混乱したとき，質問をすることができる
□他の人と違った意見を持っているように思えるとき，それを進んで申し出る
　ことができる
□授業や講習会などでよく発言する
□何かをしたくないとき，「ノー」と言える
□話をするとき，自信や思いやりと強さを持って臨む
□話をするとき，相手を見る

　回答の合計点数から以下のようにあなたのアサーティブ度がわかります。い
かがでしたか。

◆40点以上：これからもアサーティブな表現を続けていってください。
◆27点〜39点：かなりアサーティブです。自分に自信を持ち，自己表現をし
　続けてください。
◆11点〜26点：場合によってはアサーティブにできています。アサーティブ
　の講習に参加したり，メンターを見つけてあなたのアサーティブさを伸ばす
　方法を身につけましょう。
◆10点以下：アサーティブの講習に参加することをおすすめします。

〈文献〉

Baer J（1976）How to be an Assertive（not aggressive）Woman in Life, in Love, and on the Job. New York: New American Library.

Butler P（1992）Self-Assertion for Women : Revised Edition. New York :

HarperSanFrancisco.

厚生労働省（2013）平成24年 労働者健康状況調査. （https://www.mhlw.go.jp/toukei/
　　list/h24-46-50.html［2021年8月2日閲覧］）

第 **7** 章

家庭と仕事の両立をしなやかにこなすには

市川佳居

1 ワーク・ライフ・バランスと健康

　ワーク・ライフ・バランスという言葉をご存知ですか？　欧米では，ワーク・ライフ・バランスは仕事で成功するためにも重要と言われているコンセプトです。

　女性の社会進出が日本よりも進んでいる米国では，女性リーダーを増やすためには，女性の健康を保つ施策が必要だということで，女性のウェルビーイング（全人的健康）対策が注目されています。このような活動をしている組織の一つに，Global Women 4 Wellbeing（GW4W）があります。GW4Wはニューヨークに本部を置く非営利団体で，働く女性のウェルビーイングを推進している団体です。

　GW4Wは，よりサスティナブルな世界を築くために必要とされる，女性リーダーの健康を支援する活動として，研究，新規構想，リーダーシップ，メンタリングの4つの柱を持っています。その中でも女性の健康とウェルビーイングに関するトピックの研究にもっとも注力しており，ハーバード大学公衆衛生学部のアイリーン・マクニーリー博士，HERO Healthのジェシカ・グロスメイヤー博士等が関わっています。

　筆者は2018年3月にニューヨークで開催されたGW4Wの理事会に招待され，参加しました。理事会では，GW4Wが前年に実施したリサーチをまとめた「GW4W白書」の発表があり，興味深かったのは，女性にとって重要なウェルビーイングの定義として，経済的ウェルビーイングが入っていたことです（図1）。今まで筆者は経済的安定をウェルビーイングと捉えたことはありませんでしたが，経済的に安定してることは全般的な健康につながります。さらに，GW4W白

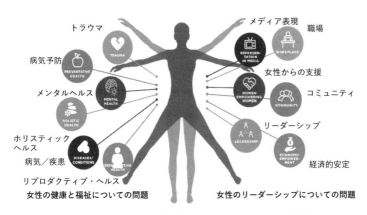

メディア表現　職場

女性からの支援

コミュニティ

リーダーシップ

経済的安定

トラウマ

病気予防

メンタルヘルス

ホリスティック
ヘルス

病気／疾患

リプロダクティブ・ヘルス

女性の健康と福祉についての問題　　　**女性のリーダーシップについての問題**

図1　GW4Wによる女性の健康とリーダーシップの複雑さ

書によると，女性がリーダーシップ育成研修に求めるトピックとして「ワーク
ライフ・バランス」があがっていました。GW4Wは同白書の中で，女性は仕
事では男性の部下を使いこなしていても，プライベートでは，母親，娘，妻な
どの立場でケアギバーとして，介護，育児，食事の支度などの家事の役割を担っ
ており，その負荷が高くなると，ワーク・ライフ・バランスが崩れ，仕事にも
影響し，また，健康全般に重大な影響が出ると警告を出しています。

　本章では，女性のワーク・ライフ・バランスについて，その定義や影響，良
いバランスを保つ方法について，具体例をあげて解説します。

　女性社員が働きやすくなるために，大企業は長時間労働をなくし，年次有給
休暇を取りやすくし，また，フレックスタイム制やモバイルワークを導入して，
子育てや介護と仕事を両立できるような支援体制や環境づくりを行っています。
ですが，大企業の正規社員ではない多くの女性は，そのような恵まれた環境に
はいません。しかも，多くの女性が，妻，母親，嫁，娘，姉，妹などの家庭内
の役割を持っていて，誰かのお世話をしてあげる人＝ケアギバーとしての中心
的役割を担っています。

　会社では責任のある仕事を任せられ，家庭でも責任があり，どちらにいても
心が休まらないという状態になってしまうと，いつかはプレッシャーに押しつ
ぶされてしまいます。家に帰っても，真っ先にキッチンに立って夕飯の準備を

して，子どもの宿題をみながら，洗濯物を片付けてなどと「ほっとする」瞬間がない方は多いと思います。仕事の負荷と家庭での負荷のバランスがちょうどよく保たれていると，仕事でもよい成果を上げることができ，プライベートも充実するのですが，このバランスが崩れると，心身の健康に影響が出る場合があります。よって，働く女性のワーク・ライフ・バランスの実現には，長時間労働の制限などの働き方だけでなく，家庭内の役割にも注目する必要があります。

② ワーク・ライフ・バランスとは

　さて，ここで，ワーク・ライフ・バランスの定義を見てみましょう。2007年に内閣府は，「仕事と生活の調和（ワーク・ライフ・バランス）憲章」を発表しました。憲章の中で，仕事と子育てや老親の介護との両立に悩む人が多くいることを指摘し，また，共働き夫婦が増えているにもかかわらず，家庭内の役割分担は変わらず女性が担う部分が多いことを指摘しています。このような状況を解決して目指すべくワーク・ライフ・バランス（仕事と生活の調和）が実現した社会とは，「国民一人ひとりがやりがいや充実感を感じながら働き，仕事上の責任を果たすとともに，家庭や地域生活などにおいても，子育て期，中高年期といった人生の各段階に応じて多様な生き方が選択・実現できる社会」であると定義しています。
　家庭内の役割分担を表す数値の一つに家事の分担があります。内閣府（2018）の発表によると，6歳未満の子どもを持つ日本人の男性の家事・育児時間は，1日83分で先進国の中で最下位です。それに対し，同じく6歳未満の子どもを持つ共働き家庭の日本人女性では，1日7時間34分です（図2）。また，家族の介護・看護が理由の離職者のうち，女性の比率が80％で圧倒的に多いという結果があります（図3）。
　この男女の家庭での役割負担のギャップを埋めるためには，さまざまな施策がありますが，そのうちの一つに，「ワークライフ・サービス」があります。

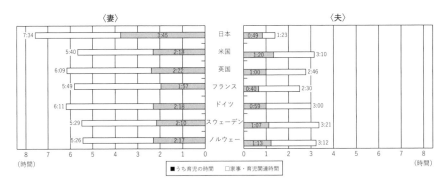

図2　6歳未満の子どもをもつ夫婦の育児・家事関連時間（1日当たり）―国際比較
（内閣府，2018）

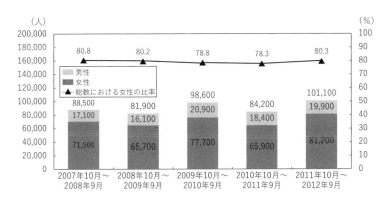

図3　介護・看護が理由の離職者（内閣府，2018）

③ ワークライフ・サービス
――働く女性のキャリアと介護・子育ての両立支援ツール

　欧米諸国では，社員への福利厚生サービスとして，「ワークライフ・サービス」という相談窓口が定着してます。従業員は，育児，介護，家事などについて困ったことがあると，会社の用意した「ワークライフ・サービス」に電話やオンラインフォームなどから無料で相談することができます。ワークライフ・サービスの専門家は，ソーシャルワーカーやケア・マネージャー，保育士，心

理士などで，ワークライフ相談の経験を積んだスタッフです。スタッフは電話で介護や育児，家事に関する相談者のニーズを引き出し，相談者が必要としている情報やサービスを見つける手伝いをし，課題の解決まで個別にサポートします。1回の電話で終わらせるのではなく，最初は丁寧に相談者の状況や希望，また，本人の予算や家族・親せきがこの問題に協力できるかどうかなど，本人の持っている資源を聞き出します。場合によっては，外部のサービスを使わなくても，近所に住んでいる親や，きょうだい，親戚で役割を分担することにより，問題が解決することもあります。

　訪問介護やベビーシッターなど外部資源を使うことになった場合，ワークライフ・サービスのスタッフが，相談者のニーズ，緊急度，予算等の希望に合う外部資源のサーチをします。これには2～3日かかることがあります。なぜかというと，このサーチはネットサーチだけではなく，実際にその資源に連絡をして，待ち時間，価格，サービスの内容等について確認をして，相談者には，少なくとも3か所以上の資源をオプションとして提案するからです。最終的に選ぶのは相談者ですので，選択肢は1個以上あったほうが比較することができます。その中から，相談者がどこを使うか最終的な決断をして連絡する，という流れです。仕事をしていると，忙しくてこのような資源に自分で電話をしてサービスの詳細を確認する時間がない，という方が多くいます。ワークライフ・サービスは家庭での責任を果たすためのお手伝いを提供します。

(1) ワークライフ・サービス利用事例
①シッターの紹介

　30代女性，営業職。出産後，時短勤務制度を活用しているが，営業職という特性から徐々に残業が増え，子どもの病気による急な休みや早退も発生し，仕事にも支障が出始め，ワークライフ・サービスに連絡した。残業で遅くなりそうなときに代わりに子どもを保育園に迎えにいってくれ，子どもの急な病気にも対応できるシッター・サービスの紹介を受け，また，良いシッターの選び方，シッターとの接し方などのアドバイスを受け，仕事と子育てを両立し続けることができた。

②子どもの夏休みの過ごし方

40代女性，管理職。夫，9歳の子どもと3人暮らし。今年は息子が小学校4年生で学童が終わった。もうすぐ夏休み。子どもを家で一日中留守番をさせることに不安を感じる。ワークライフ・スペシャリストに相談したところ，子どもの好きな水泳教室と苦手な算数を学べる学習教室などを紹介され週5日のスケジュールが埋まった。また，一人で留守番するときのルールづくり（知らない人を家に入れない，など）のガイダンスを受けて役立った。

③介護と仕事の両立

50代女性，独身，事務職。電車で2時間かかる実家の母が認知症になり，年老いた父がケアをしている。女性は毎週末，実家に戻って父を手伝っているが，父だけでは頼りないと心配になり，ついに，自分が仕事を辞めて，実家に戻って介護をしようかと考え始めた。とりあえず，ワークライフ・スペシャリストに相談して，母の介護支援について情報提供をしてもらった。父からの間接的な情報ではよくわからなかった，地域包括支援センターの存在や役割，小規模多機能型居宅介護という仕組みがあることなど，また，場合によっては夫婦で住めるケア住宅などもあることを知り，自分が遠隔地にいながらでも，親の介護のマネジメントができるのではないかと思い始めた。同時に，ワークライフ・スペシャリストの勧めで，同じく遠方に住んでいる弟とその妻とも話し合いを行い，姉弟で隔週，実家に帰るなどして，介護の分担をすることを話し合った。今のところ，離職はすることなく，遠隔介護を継続するつもりである。

上記のようなサービスがあったら，とても便利ですし，安心感を得られると思いませんか？　今後，日本でワークライフ・サービスが普及すると，助かる女性が多くいると思います。2020年〜2021年にかけては，コロナ禍による在宅勤務や学校の遠隔教育が推進され，家族の3食の準備と在宅勤務を同時にこなさなければならなくなり，ストレスを抱えた女性が沢山いました。徐々に食材や日用品の宅配サービスが増えましたが，最初は大変でした。あるワークライフ・サービス会社では，「安価で衛生的な食事の宅配業者のサーチ」，「良質な遠隔教育の塾のサーチ」，「家のWi-Fiのコンサルタントサーチ」などを代わりに行って，働く女性の負荷を減らすサポートをしています。

　ちなみに，日本でワークライフ・サービスを活用したい場合，まずはお勤めの会社がEAP（従業員支援プログラム）契約をしているか確認してみましょう。EAPのサービスの中にワークライフ・サービスが含まれていることがあります。健康保険組合や企業内健康管理室の保健師に相談してみるのもいいと思います。

④ 「家モード」と「仕事モード」のシナジー

　皆さんは，会社にいる時の自分とプライベートの時の自分はどれくらい違いますか？　会社では家族や子どもなどプライベートな話は一切しない，という人もいると思います。ですが，例えば，子どもが受験の時期あるいは病気になった時は，夜，帰宅してからではなく，仕事の合間に子どもや養護の先生，保育士さんと話す必要があることもあります。

　Facebook社の最高執行責任者（COO）であるシェリル・サンドバーグ氏は，女性達が，人生のあらゆる側面でいいパフォーマンスが出せるようになるために，「家モード」「仕事モード」「ソーシャルモード」または「友達モード」を行ったり来たりするのではなく，「自身のすべての面を職場に持ってくる：bring your whole self to work」を勧めています。例えば，仕事の合間に，子どもが学校から帰ってきて1人になってしまった時間に，同僚や上司に遠慮せずに子どもと話す時間を持てたらいいと思いませんか？　学校から下校後すぐに，子どもと学校で起きたことを話し，母親が帰ってくるまでにこなす勉強のプランについて確認できたら，あなたもその後，安心して仕事に集中できるのではないでしょうか。また，家に帰ってからのあなたの子育てのストレスも少し軽減されるのではないでしょうか。

　親が入院したときはどうでしょうか。病気は突然判明するものですし，入院はいつまで続くかわからないこともあります。そのようなときに，待合室で回復を待ちながら，重要な案件にはモバイルワークで対応することで仕事の責任を果たせ，自分のキャリアについて心配することが減り，また，今後いつまで続くかわからない親の看護，介護についてもあせらず，落ち着いて対処することができる方もいらっしゃるかと思います。もちろん，1日を仕事とプライベート，半々にきっちりと分けたい，という方はそれでもいいと思います。重要なのは仕事もプライベートも自分で納得できていることです。

　働く女性が，ワーク・ライフ・バランスを実現するというのは，仕事でも必要とされており貢献している感覚があり，また，プライベートでも妻，恋人，娘，母，叔母，姉妹等というさまざまな役割をこなしており，頼られている，という感覚があることが重要で，それは，女性自身のセルフ・エフィカシー（自己効力感）向上にもつながります。セルフ・エフィカシーが高い人は，ストレス対処も上手で，心身ともに健康な状態を保つことができます。言い換えれば，全人的な健康（ウェルビーイング）を得ることにつながります。

〈文献〉

Global Women 4 Wellbeing（GW4W）（http://www.gw4w.org/［2021年7月10日閲覧］）

Global Women 4 Wellbeing（2018）GW4W白書 日本語翻訳版（女性的な役割とウェルビーイング―両立・働き方・お金．GW4Wジャパン第1回日本セミナー実施記念冊子2018年9月22日）．

内閣府（2007）仕事と生活の調和（ワーク・ライフ・バランス）憲章．（http://wwwa.cao.go.jp/wlb/government/20barrier_html/20html/charter.html［2018年10月2日閲覧］）

内閣府（2018）仕事と生活の調和（ワーク・ライフ・バランス）レポート2017．（http://wwwa.cao.go.jp/wlb/government/top/hyouka/report-17/zentai.html［2018年10月2日閲覧］）

第 **8** 章

ウェルネス・コーチング

肥満，ダイエット，依存行為への対応

市川佳居

1 はじめに

　ウェルネス・コーチングの「ウェルネス」とは，健康という意味で，単に病気を持っていない状態ではなく，栄養，運動，休養の調和が保たれた状態で，健康で生き生きしている状態，身体的，精神的，および社会的に完全に良好な状態のことを指します。

　「ウェルネス・コーチング」とは，コーチングを通して，身体の健康づくりばかりでなく，日常の行動様式や生活態度を変容し，自分自身に合ったライフスタイルやより充実した生活をしていくのを支援することです。

　具体的には，ストレス・運動・栄養・食事・喫煙・飲酒・身体疾患について，利用者が改善したいトピックを選び，コーチングによって行動変容を促し，改善へと導くサービスです。

　実は，ウェルネス・コーチングは欧米の優良企業や医療機関ではすでに定着している手法で，効果に関するエビデンスも報告されています。ウェルネス・コーチングは保健師，カウンセラー，管理栄養士等が行う場合が多いです。週に1回ほどのコーチングを5〜6回行って，1つのゴールを達成するのが一般的です。

2 GROW モデル

　ウェルネス・コーチングで用いられる方法の一つとして，GROW モデルを紹介します。GROW モデルとは，ゴール（G），リアリティ（R），オプション

G…ゴール：Goal（目標・目的）
R…リアリティ：Reality（現状確認）
O…オプションズ：Options（行動の選択肢）
W…ウィル：Will（自己決断）

図1　GROW モデル

ズ（O），ウィル（W）のイニシャルを取ったコーチング手法のことで，漠然とした目標から，具体的な行動へ促すコーチングの基本スキルです（図1）。

　GROWモデルでは，「目標・目的」を明確にし，「現状」を理解し，「行動」を決め，「実行の意志」を固めるという流れでコーチングを進めるのが基本となっています。

　では，以下にGROWモデルのステップを説明します。

（1）ステップ1——G：Goal 目標・目的

　GROWモデルのコーチングでは，まず，相談者の理想の人生や目標・目的を明確にするところから始めます。

　「5年後，10年度，どのような人生を送っていたいですか？」，「今，問題と思っている状況を解決したら，どのような状態になっていたいですか？」などと尋ね，例えば，「10年後には健康で幸せに引退していたい」であれば「孫と一緒に遊べるように足腰を今から鍛えておく」とか，「肥満状態を解消する」など，具体的にイメージできるようなゴールづくりを支援します。5年後，10年後の長期的な自分のイメージを達成するのために，今，今日から何をするべきか，をご本人に考えていただきます。上記の例の場合は，「定期的に筋トレをして，筋力をつける」などかもしれません。ここでは，ゴールをもう少し具体的にすることもお手伝いします。「ゴールはSMARTに」というルールがあります。

「SMART」とは，下記の要素をすべて含んだ目標設定の指標です。

◆**S：Specific（具体的に）**　明確で具体的な表現や言葉で書き表す
◆**M：Measurable（測定可能な）**　目標の達成度合いが本人にもコーチにも
　　判断できるよう，その内容を定量化して表す
◆**A：Achievable（達成可能な）**　希望や願望ではなく，その目標が達成可能
　　な現実的内容である
◆**R：Related（関連した）**　設定した目標が自分のウェルネス，ウェルビーイ
　　ング（全人的な健康）につながる内容になっていること
◆**T：Time-bound（時間制約がある）**　「いつまでに」や，頻度，時的ゴール
　　などを設定する

　では，先ほどの「定期的に筋トレをして，筋力をつける」を例にとりましょう。

◆**S**：筋トレを行うといっても，家なのか，スポーツジムなのか，どのような
　　道具で行うのかなど，具体的に決めておくほうがいいと思います。
◆**M**：筋力をつける，というのはどのように測定可能でしょうか。まず体脂肪
　　率を測定して，どの程度下げるのかという目標（ゴール）を立てましょ
　　う。この場合は宿題として，本人に測定してきていただきます。
◆**A**：達成可能か，はどの程度体脂肪率を下げるかにもよりますね。
◆**R**：筋力をつけるのはウェルネスに関係するので，関連性もありますね。
◆**T**：いつまでに筋力をつけるのか，どのくらいの頻度で筋トレを行うのか，
　　を決めるといいですね。

（2）ステップ2——R：Reality 現状
　現状のスキル，資源，限界などを洗い出していきます。ここでは，内的要因
と外的要因をそれぞれ洗い出すことが大切です。
　例えば，「スポーツジムで週に3回筋トレをして，体脂肪率を30%から25%
に低下させる」という目標なら，内的要因は「やる気は十分か」などで，外的
要因は「現在はスポーツジムのメンバーでないが，通える距離にジムはあるか，
会費は支払えるか」，「スポーツジムに行く時間はあるか」などになります。

　ここで現状を明確にして，目標や理想とのギャップを明確にしていきます。

　この Reality で問題点を指摘して，ゴールを再設定する，というのもよくあるプロセスです。

（3）ステップ 3——O：Options 行動の選択肢

　現状を把握したら，次に目標を達成するための具体的な方法について考えていきます。「Options」と呼ぶのは，ゴール達成の選択肢は一つではない，という意味が込められています。本人にいくつかの方法を考えてもらい，その中で自分がもっとも継続できそうで，やりたいと思う選択肢を選んでもらうことが，動機づけにもつながります。そのためにもここでは，「やろうと思っていることは？」「過去にやったことは？　そのときは上手くいきましたか？」，「達成に向けての他のアイデアは？」など，本人からできるだけたくさん引き出すようにします。

　例えば，「筋トレをして体力をつける」がゴールですが，筋トレだけが体力をつける方法ではないかもしれません。食生活を変えたり，まずはウォーキングをして体脂肪を落としたり，通勤で階段を頻繁に使うようにして脚力をつけたりするなど，いろいろなオプションがあり得ます。

（4）ステップ 4——W：Will 自己決断

　目標達成のための選択肢を引き出したら，どれを実行に移すかを本人に決めてもらいます。

　「まずやってみたいのは，どれ？」，「これならやれるな，と思えるのは？」とコーチが問いかけて，本人に選んでもらいます。

　また，できなかった場合に動機づけをするのもこのステップです。例えば，2 回目，3 回目のコーチングのセッションでは，前回，やってくると決めたアクションのフォローアップを行うのですが，「できませんでした」，「やろうとしたけど時間がなくて……」ということはよくあります。このときは，本人に，「目標達成のアクションをしなかったのに，2 回目のコーチングに来ていただいてありがとうございます。来たということは，やはり変わろうという意思があるんですね」や「『できなかった，すみません』と今おっしゃったということは，やるべきだったという意思がおありだということですね」など，本人の

やる気や意思のかけらを一つでも拾うようなコーチングを行います。

　また，できた場合は，その行動を称賛します。そして，次回まで継続して行動を続ける動機づけを行います。

　どうしても動機が起きない方は，「やらなかったら今後どうなるのか」と結果を考えてもらうということもします。

　また，場合によってはゴールをもう少し低く設定したり，ゴールを変更したりすることも必要です。

③ ウェルネス・コーチング利用例

(1) 事例1

　40代女性，更年期障害として，仕事中にホットフラッシュが頻繁に起きて，集中力が低下しているという相談。保健師によるウェルネス・コーチングを受けた。ゴールは，仕事中の集中力をキープすること。方法として，ホットフラッシュへの対応策を考え，重ね着をする，周囲に更年期であることを話して温度調整の理解を得る，婦人科に相談する，などのアクションを起こし，仕事のパフォーマンスを維持することができた。

(2) 事例2

　30代女性，体重を5キロ減らしたいという相談。食事，運動，睡眠を一つひとつ見直し，どこから改善したいのかを本人に選択してもらった。改善したいことの一番目に食事があがっていたので，管理栄養士から食事に関するコンサルテーションを受けることを一つのアクションとし，また，マインドフルネスを学び，マインドフルネス・イーティングという食事瞑想を実践することで，お菓子の「ながら食べ」が減り，体重減につながった。

(3) 事例3

　ストレスと睡眠問題を抱える50代女性。仕事も介護も忙しく，睡眠が不規則になっているうちに，寝ようと思っても寝られなくなってしまい，いわゆる「不眠症」となった。専門医に会う，自分の時間を持つ，寝る前にストレッチをする，お酒の量を減らす，などいろいろと選択肢があがった中で，本人がまず選んだ

のは，「自分の時間を持つ」であった。彼女の場合，自分の時間を持つことは，寝る前に，30分でも1時間でも好きな読書をすることであった。もう何年も読書をする時間がなかったことに気づき，小説をまた読み始めた。これがきっかけで，自分のための時間を持つことがストレス解消につながり，夜も寝つきがよくなった。

4 まとめ

　ウェルネス・コーチングは本人への動機づけが大切です。相談者自らが自分の心身の健康に関わるビジョンを立て，自ら変わりたいという熱意（パッション）を持って，ゴールを達成するプロセスです。「症状改善」というようなネガティブな問題へのフォーカスではなく，より健康になるためのポジティブな取り組みです。

　ウェルネス・コーチングを受けたい場合は，企業が契約しているEAP（従業員支援プログラム）や，臨床心理士，公認心理師，保健師などが行っている相談室やカウンセリングセンターのうち，ウェルネス・コーチングや動機づけ面接法を行っていることが明記されている機関に行くことをおすすめします。

　今後定年まで仕事を続ける女性が増えれば，現在，その多くを男性が占めている過労死，過労自殺などの問題が，女性にも降りかかってくるのではないかと懸念します。過重労働やストレスによる健康障害を未然に防ぐためにもウェルネス・コーチングを気軽に利用して頂きたいと思います。

〈参考文献〉

Warren JM, Smith N, Ashwell M（2017）A structured literature review on the role of mindfulness, mindful eating and intuitive eating in changing eating behaviours : Effectiveness and associated potential mechanisms. Nutrition research reviews 30; 272-283.

第 9 章

仕事をしていて病気になったら

治療と仕事の両立

市川佳居

1 はじめに

　本章では，女性の治療と仕事の両立について，データからの現状，医療者とのコミュニケーションのコツ，職場でのサポートをどう構築するか，家族・知人のサポートについて，また，病気をきっかけにキャリアについてどう考えるかについて触れたいと思います。

　働き方改革に関する方針の一つとして，2017年に政府も「治療と仕事の両立支援」を盛り込み，それを受けて，厚生労働省から「事業場における治療と仕事の両立支援のためのガイドライン」も出ています。このガイドラインを参考に，企業は通院しながら仕事を続けられる仕組みを作り始めています。

　しかし，どんなにいい制度があっても，病気になったときにさまざまな決断をするのは自分自身です。周囲との関係も変わってきます。医師や看護師など新しい関係者も自分の人生の中に入ってきます。治療をするだけでも多くの決断が必要なのに，仕事上の影響についても自分で調整していくのは大変なストレスです。仕事との両立が必要な治療はがんに限らず，難病や不妊治療などさまざまあり，疾病の種類によって対応方法は違いますが，一貫して言えるのは，自分をサポートしてくれる体制を医療・職場・家族／友人という3つの場で作ることだと思います。

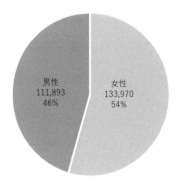

図1　勤労年齢層（20〜64歳）の性別がん罹患者割合（厚生労働省，2020）

② データから見る女性のがん

　厚生労働省（2020）による全国のがん罹患数のデータによると，就労年代（20歳〜64歳）では，女性のほうが男性よりもがんに罹患する割合は高くなっています（図1）。

　また，女性がかかるがんの種類は1位：乳房，2位：子宮，3位：大腸ですが，年代によって，罹患しやすいがんの種類は変化していきます（図2）。女性が罹患しやすいがん第1位の乳がんは30代前半から急増し，45〜49歳でピークを迎えます。2位の子宮がんは，もう少し若い，25〜29歳から緩やかに増加し，50〜54歳でピークを迎えます。3位の大腸がんは，40〜44歳から増加傾向が見られ，55〜59歳では，子宮がんと順位が逆転し，第2位になります。多くの女性が定年まで働くようになると，乳がん，子宮がんだけでなく，大腸がんの予防的検査も定期的に行うべきと言えます。

　ではここで，働く女性が，がんに罹患したときに感じる不安はどのようなものがあるのか，データを見てみましょう。人材サービス会社アデコが20〜50代の就業中でがんに罹患した女性200名に行ったアンケート調査によると，がんと診断されたときに感じた不安は，1位「仕事への影響」（56.5%），2位「家族への影響」（43.0%），3位「治療による体調の変化」（42.5%）です。仕事へ

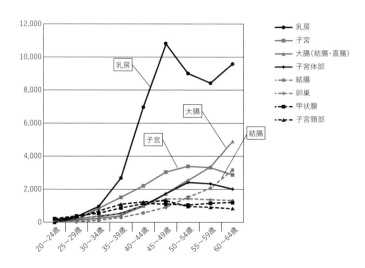

図2　就労年齢女性のがん種類別罹患数（厚生労働省，2020）

の影響については，具体的には，職場への迷惑や業務遂行への影響，治療や療養のために休暇を取ることに不安に感じている方が多いようです。また，周りから必要以上に気を遣われること，不特定多数に知られ詮索されることなどを懸念する人も多いとのことです。

③ 医療者とのコミュニケーション

　医療者はあなたの病状や治療の専門家です。医師や看護師とは遠慮せずにコミュニケーションして，自分の病状，治療について知りたいことを聞き，それによって，あなたの働き方について整理してみましょう。

（1）自分の病状の理解

　がんと診断され，その後，さまざまな精密検査を受けると，主治医から病状や治療についての説明があります。自分のがんの部位やステージなどについてわかりやすく説明してもらうなど，主治医としっかりコミュニケーションを取り，まずは自分のからだのこと，病気のことをしっかり把握しましょう。

(2) 治療について

どのような手術をするのか，入院期間はどのくらいか，退院後の抗がん剤治療や放射線治療のスケジュール，その副作用や後遺症にはどのようなものがあるのかについて，納得できるまで主治医と話してみてください。メモを取っておいて，わからないことは看護師に聞いてみたり，後ほど自分で調べてみたりするのもいいでしょう。

(3) 仕事への影響について

主治医に自身の業務内容や職場の状況を伝え，治療中もこれまで通り働くことができるのか，仕事についての制限はあるのか，もし副作用が仕事に大きく影響する場合は他の治療方法はあるのか，なども確認しておきましょう。それにより，今後の働き方がイメージしやすくなり，会社に病気のことを伝え，配慮を求める場合に非常に役立ちます。

(4) 看護師やがん相談支援センターの活用

「主治医から説明を受けたが，その内容がよくわからない」，「先生はとても忙しそうだから，細かく質問できなかった」，「先生の前では，何も言えなくなってしまう」など，医師とコミュニケーションを取るのが苦手な人もいるでしょう。その場合は，説明を受けたときに同席していた看護師，または外来の看護師に相談してみてはどうでしょうか。そのときに主治医からの説明時に取っていたメモが役に立ちます。わからない医療用語，脱毛や皮膚障害などの治療に伴うアピアランス（外見）の変化，特に日常生活における副作用への対処法等について，看護師は豊富な知識を持っています。

(5) 留意点

医療者は一般企業のしくみを熟知しているわけではありませんので，働き方についてアドバイスをもらいたいときは，できるだけ具体的に聞くべきです。例えば「私は働き続けられますか？」ではなく，「立ち仕事をしているのですが，気を付けることはありますか？」や「手術の後の入院は何日くらいでしょうか？」，「運転はできますか？」など，主治医がイメージしやすい聞き方をするといいでしょう。

4 職場のサポート

　治療中は，職場の誰にどこまで病気を伝えるべきか，病気を伝えたら自主退職を勧められるだろうか，体調不良を職務怠慢と見なされてしまうだろうか，責任ある仕事を任されなくなってしまうだろうか，頻回の通院で肩身が狭くなるのでは……など，仕事について多くの不安を感じることがあると思います。

　がんは，もはや「不治の病」ではありません。医学の進歩に伴い，がん治療も急速な進化を遂げ，生存率も向上しています。また，化学療法や放射線治療の多くも，入院から外来へと移行し，早期に病気前の日常生活に戻ることや，治療中も仕事を続けていくことが可能になってきました。

　がん治療と仕事の両立においては，職場のサポートは大事です。職場の上司や部署の仲間に，自分のがんとその治療計画，それによる出勤状況や担当できる仕事の量への影響を，治療状況に応じて，情報共有することができると，周囲もあなたへの支援がしやすいかもしれません。

　がん治療が一段落して病状が安定すると，就労するエネルギーは戻ってきます。治療中はいつもよりはペースダウンをして，職場の上司や同僚，部下から，ヘルプを得ながら，仕事を調整して，働き続けて頂くといいと思います。人によっては，がんにかかったことによって，自分の働き方を見直す良い機会になった，という方もいます。

5 家族・友人のサポート

　家族や友人の中で，あなたが困ったときに相談できる相手はいますか？　がんの治療は心身ともに大きなエネルギーを必要としますので，周囲に応援団が必要です。あなたが大変なときに話を聞いてくれる人，家事や子育てについて相談できる人，がんのサバイバーであなたを理解してくれる人，気晴らしに食事に付き合ってくれる人など，あなたのサポート・ネットワークを構築しましょう。

　仕事と治療を両立させていくためには，家事はご家族にも分担してもらうなど，できるだけ負担を軽くする必要があります。仕事中は何とか元気な姿を見せられていても，自宅に戻った途端，ぐったりしてしまうかもしれません。明

日の体力を養うためにも，特に配偶者，小学生以上であれば子どもにもお手伝いをしてもらうなど，家庭内での協力体制を整えておくことをお勧めします。

　また，家事はできるだけ手抜きできる方法を考えておく，どうしても身体がつらいときは，家政婦さんや身近なお友達に助けを求めるなど，一人で抱え込まない，頑張りすぎないことも，仕事と両立させながら，治療を完遂するためには必要です。

　治療を続けていく上でも，仕事と両立させていくためにも，身近なご家族の支え，協力は欠かせません。そのためには，ご家族も一緒に診断や治療方法を聞きに行くなど，お互いに病気のことをしっかり理解しておくことが大切です。

6 キャリアについて考える

　がんと診断されてショックを受けているとき，心が混乱しているとき，「仕事を辞める」という思いが浮かぶことがあるかもしれません。しかし，がん宣告のような重大なことが起きた時に大きな決断をすることは避けたほうがいいです。少し気持ちが落ち着いて，自分の状況や病状について理解し，情報を整理してから再度考えることにしましょう。退職の選択は，いつでもできます。

　日本におけるキャリアカウンセリングの第一人者である渡辺美枝子先生によると，キャリアとは「ひとが経験するもの」を指し，「個々人と離れては存在し得ないもの」です（渡辺・ハー，2001）。あなたの仕事は，あなたが今までの人生でしてきた経験や決断の表れであり，成果です。良い時もあり，悪い時もあったと思います。すごく仕事が楽しくて仕方がない時も，組織変更でやりがいを感じない職場に異動させられた時もあったかもしれません。がん治療を続けながらのキャリアも，「新たな状況の変化に過ぎない」と考えて，今後のキャリアについては，治療が進むにつれ，どのような状況になるか様子を見てみたらいかがでしょうか。がん治療には高額な医療費がかかる場合や，その治療が長期間に及ぶ場合もあります。経済的な支えという点でも，これまで続けてきた仕事を継続していくことには大きな意味があります。

　これを機会に，働くことの意味や働き方について，考えてみるのはいかがでしょうか。がんの診断直後は，「今まで仕事を頑張ってきたのに，もう以前のようには働けない」と落ち込んだり，「今の仕事から外されてしまうのでは」と不

安になったりすることもあります。しかし，治療のために仕事を休む期間は，自身の働き方，働くことの意味を，立ち止まって考えみる機会と捉えてはどうでしょうか。今の仕事にやりがいを感じているから，職場の仲間といるのが楽しいから，経済的に必要だからなど，人によって働くことの意味や想い，働き方はさまざまです。その想いとがんの治療とをどのように両立させるのか，考えてみるのもいいのではないでしょうか。

　もし，「あんなストレスフルな仕事は続けられない」，「少しのんびりしたい」，「前からやってみたかった仕事をしたい」と思った上，経済的な見通しがつくのであれば，そのときに初めて「退職」という決断をしても遅くはないでしょう。

　なお，がんの再発にはストレスが関係すると言われています（National Cancer Institute, n.d.）。最後にがんの再発防止のためにストレス対処法を2つ紹介します。1つ目は，言いたいことを言うこと。「周囲に迷惑をかけているのでは……」と遠慮して言いたい気持ちを抑え込むことでストレスが溜まってしまいます。2つ目はマインドフルネス瞑想です。将来の不安，過去の後悔をする代わりに，今，あなたがいるこの場，この瞬間，この呼吸に注意を向けることにより，心身ともにリラックスできます。

〈文献〉

アデコ（2017）がんの罹患経験を持つ20代〜50代の女性と，企業の人事担当者を対象とした調査．（https://www.adeccogroup.jp/pressroom/2017/0815［2020年8月10日閲覧］）

厚生労働省（2020）平成29年全国がん登録罹患数・率報告―CANCER INCIDENCE OF JAPAN 2017．（https://www.mhlw.go.jp/content/10900000/000624853.pdf［2021年3月18日閲覧］）

厚生労働省（2017）事業場における治療と仕事の両立支援のためのガイドライン（令和2年3月改訂）．（https://www.mhlw.go.jp/content/11200000/000621298.pdf［2021年3月18日閲覧］）

National Cancer Institute（n.d.）Psychological Stress and Cancer．（https://www.cancer.gov/about-cancer/coping/feelings/stress-fact-sheet［2021年7月10日閲覧］）

渡辺美枝子，エドウィン・L・ハー（2001）キャリアカウンセリング入門―人と仕事の橋渡し．ナカニシヤ出版．

第 **10** 章

キャリア・プラン

定期的にキャリアを見直してみよう

市川佳居

1 はじめに

　女性の健康は，身体的，心理的，社会的な側面だけでなく，経済的側面も重要であると言われています（GW4W，2018）。

　自分で食べていける，買いたいものを自分で買える，家族を支えられる，退職した後の備えがある，などの経済的安定性があると，心に余裕もでき，心身のバランスに好影響です。

　お金を稼ぐためには，働く必要があり，どんな働き方をするかによって報酬は変わってくるわけで，経済的ウェルビーイングを保つこととキャリアは密接に関係しています。

　一般的に男性はキャリアを中断する機会が少ないので，長期間安定して働くことができ，なるべく稼ぎが多くて家族を支えることができる仕事を選びます。女性は，若い時からキャリアには関連する選択肢が多く，例えば，①長期間働くことのできる，安定した職業や会社を選ぶ，②安定した職業の配偶者と結婚して家事・育児に専念する，③子育てや介護などをきっかけに短時間の仕事に切り替える，④自営業の配偶者の会社を手伝うなど，いろいろなパターンがあります。

　女性は，結婚，子育て，介護などによってキャリアが中断されることが多く，その都度，自分の今後のキャリアをどうするか悩むわけですが，筆者はキャリア・カウンセリングをしている中で，いろいろな事情を抱える女性と出会いました。多くの方が人生の節目でカウンセリングを利用されていたことから，自

分らしく働くことを見直すツールの一つとして，キャリア・アンカーを使いました。本章では，そのキャリア・アンカーの概念を紹介したいと思います。

② キャリア・アンカーとは

　キャリア・アンカーとは，仕事の経験を意味するキャリア（career）と船の錨を意味するアンカー（anchor）を組み合わせた言葉です。キャリア・アンカーは仕事の条件でこれだけは譲れない，これだけは犠牲にしたくない，といったような，個人がキャリアを選択する際にもっとも大切にしている欲求や価値観を意味します。錨をおろした船は東西南北に行こうとしても，エンジンを止めれば，錨の真上に戻ってくるものです。キャリア・アンカーもこれと同じで，違う職業や会社を選んでみても，なぜか同じような仕事の仕方をしている自分に気づく，というような職業に関して個人が大事にしている，根幹的な部分のことを指します。

　キャリア・アンカーは，マサチューセッツ工科大学の組織心理学者であるエドガー・シャイン博士が提唱しました。シャイン博士によると，キャリア・アンカーは大きく8つに分類できるとされています。

③ キャリア・アンカーの8分類

①専門的・職能的アンカー
②経営管理アンカー
③自律・自立アンカー
④安定のアンカー
⑤起業家的創造性アンカー
⑥社会への貢献アンカー
⑦チャレンジアンカー
⑧ライフスタイル・アンカー

　キャリア・アンカーの種類ごとに，それぞれどのような特徴があるのか，どんな仕事や働き方が向いているのかを詳しく紹介します。なお，ご自身がど

のキャリア・アンカーに当てはまるのか診断したい場合は，シャイン（2009）に診断項目が掲載されていますので，こちらもご参照ください。

(1) 専門的・職能的アンカー

　このアンカーの人が目指すのは，その領域で自分の技能を活用し，そうした技能をより高いレベルまで伸ばしていくことのできる機会を手に入れることです。自分の技能に磨きをかけることによって，自分らしさを明確にしていきます。このタイプの人が幸せを感じるのは，専門領域で挑戦課題を課せられるような仕事を得たときです。自分の専門領域や職能別の領域の中ならば，部下管理もしてみたいと思うかもしれません。しかし，マネジメントそのものに興味を持っているわけではありませんし，いわゆる管理職業務だけを行っている管理職になることは避けたほうがよいでしょう。さもないと，自分自身の得意な分野から離れざるをえなくなるからです。

(2) 経営管理アンカー

　このタイプの人が目指すのは，組織の階段をできるだけ高いところまで上り詰めたり，組織の中で昇進することです。異なる職能分野の人々を取りまとめ，特定の組織単位が生み出す成果に責任を持つような組織の中で高いところまで上り詰めたいと思うかもしれません。このタイプの人は全体的な成果に責任を持つことを望んでいます。そして担当する部門が期待どおりの成果を上げたとき，もっとも自分らしい仕事をしたと感じるでしょう。もしこのタイプの人が現在専門職に就いているとすれば，今の仕事もそれなりに必要な，勉強になる経験だとは思うでしょう。しかし，望みは一刻も早く管理職としての仕事を手に入れることです。

(3) 自律・自立アンカー

　このタイプの人が目指すのは，仕事の枠組みを自分で決め，仕事を自分のやり方で仕切っていくことです。組織のルールや規則に縛られず，自分のやり方で仕事を進めていくことを望むタイプです。多少なりとも組織に規則や規制があることが我慢ならなくなれば，人材教育やコンサルティングといった，自分が求める自由のある職種や環境を探し求めるでしょう。自律的な立場を維持す

るためならば，あえて昇進や昇格のチャンスを見送ることもあるかもしれません。自立したいという気持ちを満足させるためならば，自分で事業を起こそうとすることもあるでしょう。また，行動の自由度が高い研究職や自分の腕で勝負できる技術職もこのタイプの方には向いています。

（4）安定のアンカー

　安定のアンカーの人は，一つの組織に忠誠を尽くし，社会的・経済的な安定を得ることを望むタイプです。「ハイリスク・ハイリターン」よりも「ローリスク・ローリターン」を好み，自身や周囲の安定を重視します。このアンカーでは経済的な保障（たとえば退職年金プラン）や雇用の保障に対する関心が高いです。職務での終身雇用権が約束されるならば，それと引き換えに雇用側の望むことはやるといった忠誠心や意欲を示します。仮に自分の才能を発揮してかなり高い水準の仕事をこなすことができるとしても，その仕事の内容や等級にあまりこだわることはありません。なお，すべての人が安定に対する一定の欲求は持っていますし，経済的に大きな問題を抱えていたり，退職直前などのタイミングには誰でもそうなりますが，安定のアンカーの人は，常に安定性に関心を持ち続けているというところが他のタイプと違います。安定した終身雇用が期待できる大企業や公務員を目指す人が多いです。

（5）起業家的創造性アンカー

　このタイプの人は，危険を冒してでも，障害を乗り越える能力と意欲をもとに，自分自身の会社や事業を起こすことを目指します。新しい製品を開発する，組織を立ち上げるなど，クリエイティブに新しいものを創り出すことを望むタイプです。リスクを恐れず，新しいものや創造性を重視します。起業家的創造性アンカーの人は，困難への挑戦から得られる刺激を好みます。新しいものが好きで自分の創造性を活かしたいという気持ちが強いため，企業に属しても結果的に独立や起業する道を選ぶことが多いです。起業家的創造性アンカーの人は，社内の新規プロジェクトや組織の立ち上げを任せられると，高いパフォーマンスを発揮します。

(6) 社会への貢献アンカー

　社会への貢献アンカーの人は，仕事を通して世の中を良くしたいという価値観を持つ人で，社会的に意義のあることを成し遂げたいという思いが強いタイプです。自分の能力を発揮することよりも，いかに人の役に立つかということを重視します。例えば，もっと住みやすい世界をつくる，環境問題を解決する，国家間の調和を図る，他の人々を援助する，社会の治安を改善する，新製品を開発して病気を治す，などといった何か価値のあることを成し遂げる仕事を追い求めます。こうした価値観を満足させる仕事から離れなければならない場合は，あえて異動や昇進を拒否することもあるかもしれません。医療・看護・教育といった分野の仕事などが向いています。

(7) チャレンジアンカー

　このタイプの人は，一見解決困難と思えるような問題に取り組んだり，手強い相手に打ち勝ったり，あるいは難しい障害を乗り越える，といったことを目指します。チャレンジアンカーの人にとって仕事やキャリアの意義は，不可能に打ち勝つ経験をさせてくれることです。例えば不可能に近いほど困難な設計だけに興味を示すエンジニアや，ほとんど倒産寸前のクライアントにだけ興味を示す経営戦略コンサルタントといったような，複雑で一筋縄ではいかないような状況に挑戦の機会を発見する人達です。人と人との競争にそういった興味を見出す人もいるでしょう。例えばプロスポーツ選手，あるいはセールスで一件一件に勝ち負けをはっきりさせないと気が済まない営業職などです。目新しさや変化，そして難しさ自体が彼らの目標なのです。ちょっとでも簡単にできることだと急にうんざりしてしまうのです。このタイプの人は，新規事業を立ち上げる仕事が向いています。

(8) ライフスタイル・アンカー

　このタイプの人は，仕事とプライベート，企業人と一個人などどちらも大切に考え，両者との「ベストバランス」を常に考えています。熱心に仕事に打ち込む一方で，子どもが生まれると育児休暇を取得し，育児にもしっかりと関わりたいという価値観があります。予定ない会社の飲み会や残業はきっぱりと断ることができる人たちです。仕事と家庭を両立させたいという考えが強く，

仕事以外の自分の生活も大切にしたいと考えてます。決して「楽をしたい」，「仕事は二の次」というわけではなく，社会人としての自分と一個人としての自分をどちらも大切にしたいと願い，仕事とプライベートの両立を重視します。このタイプの人は，プライベートと両立ができると仕事へのモチベーションが一層高まるため，テレワークや時短勤務などを活用した働き方を用意しておくことで，高い生産性を発揮します。

4 まとめ

　キャリア・アンカーとは「仕事の条件でこれだけは譲れない」，「家庭のためでもこれだけは犠牲にしたくない」といったような，個人がキャリアを選択する際にもっとも大切にする欲求や価値観を意味します。女性が結婚，第一子の誕生，介護，配偶者の転勤，転職，病気など人生の節目に，自分の職業について決断をするときに，キャリア・アンカーの錨がどこにあるのかを見極めて，職業についての重要な決断をすることで，後悔することがなく，また，自分への自信や今後の自己評価の向上につながると思います。

〈参考文献〉

Global Women 4 Wellbeing（2018）GW4W白書2018日本語翻訳版（女性的な役割とウェルビーイング―両立・働き方・お金．GW4Wジャパン第1回日本セミナー実施記念冊子2018年9月22日）．

エドガー・H・シャイン［金井寿宏 訳］（2003）キャリア・アンカー―自分のほんとうの価値を発見しよう．白桃書房．

エドガー・H・シャイン［金井寿宏，高橋潔 訳］（2009）キャリア・アンカー〈1〉セルフ・アセスメント．白桃書房．

第 **11** 章

自分自身の無意識のバイアスに気づき乗り越える

無意識のバイアス測定法とバイアス軽減への取り組み

松田チャップマン与理子

① 日本女性の管理職登用をめぐる現状

女性の管理職への登用拡大は日本社会の喫緊の課題であることから，女性の活躍を推進し，経済の活性化を目指すウーマノミクスが近年改めて注目されています。2016年には女性活躍推進法が施行され，女性が職業生活で個性と能力を十分に発揮し，活躍できる環境を整備する取り組みが始まりました。15歳〜64歳の日本人女性の就業率は2019年に過去最高の70.9%で，英国（70.9%）と同等の水準に達し，アメリカ（67.9%）を追い抜きました（総務省，2021）。2020年もほぼ前年並みの70.6%を維持しており，女性就業者の過半数が非正規雇用である課題は残るものの，取り組みの成果が認められます。一方，内閣府（2021）が掲げる「2020年代の可能な限り早期に指導的地位に占める女性の割合が30%程度となる」目標に対して，女性管理職の割合は目標達成にはほど遠い状況にあります。

② 女性の管理職登用がもたらすメリット

では，そもそもなぜ女性管理職を増やす必要があるのでしょうか。1つは，ミクロレベルの経済効果です。女性役員の割合が高い企業は業績が良好であり，企業に変化をもたらす，いわゆるクリティカルマスとなる女性役員の割合は30%と言われています。女性役員を有する企業はガバナンスがより強化され，破綻リスクの低減につながっています。さらに，女性は世界の消費需要の7割

を押さえています。女性消費者のニーズに合わせた商品やサービスの開発には，指導的立場にいる女性の声が不可欠です（Chisholm-Burns et al., 2017）。

　女性の活躍がもたらす効果は，経済面だけではありません。ジェンダー（社会的・文化的な性差）の平等性が高い国は，女性も男性も，幸福度や生活満足度，QOL（Quality of Life：生活の質）が高く，抑うつが低く，さらに男性の自殺率も低いことが明らかになっています（WHO, 2018）。また，約 17 万人の 11 歳から 16 歳の青年を対象とした大規模調査では，ジェンダーの平等性が高いほど女子も男子も生活満足度が高く，その背景には，家庭，学校，そして社会全体から得られるソーシャルサポートがあります（de Looze et al., 2017）。つまり，ジェンダー平等社会は，女性だけでなく男性にも恩恵をもたらします。そして女性の昇進は，ジェンダー平等社会を形成するための大きな推進力となるのです（Holter, 2014）。

③ 女性の昇進を妨げるジェンダー・ステレオタイプと無意識のバイアス

　女性管理職が増えることによるメリットは明白ですが，2020 年に世界の管理職に占める女性割合は 28.3％で男女差はいまだに解消されていません。とりわけ日本では，管理職に占める女性の割合は 13.3％に留まり，先進 7 カ国で最下位でした（ILO, 2021）。では，何が女性の昇進を妨げているのでしょうか。例えば，リーダーシップ開発機会の欠如，非公式な男性ネットワークからの排除，女性管理職のロールモデル不在によるパイプライン問題，リーダーとしての自信や交渉スキルの不足，家庭生活の主体としての責任などが挙げられます。本稿では，女性の昇進を妨げる障壁として近年注目を集めている「Unconscious Bias」（以下，無意識のバイアス）を取り上げます。

　無意識のバイアスの基盤となるのはステレオタイプです。私たちは，「黒人は暴力的だ」，「女性は数字に弱い」といったように，他者を性別や人種，年齢などの社会的カテゴリーに分類し，そのカテゴリーに対して思い込みや先入観，固定観念を抱いています。これをステレオタイプといいます。ステレオタイプは，私たちの脳が大量の情報を処理し，判断する際に用いる便利なショートカットです。

　女性の昇進においては，女性，男性という「ジェンダー」と「リーダー」そ
れぞれに対するステレオタイプが関与します。ここで重要なのは，ジェンダー・
ステレオタイプの根幹となる「作動性」と「共同性」という2つのジェンダー
特性です。リーダーのステレオタイプは，Think manager − Think male（マネ
ジャーといえば男性を想起）で表されるように，男性的ジェンダー特性である
作動性（競争，率先，独立，冒険的，強さ，支配など）と強く結びつけられて
います（Schein, 1973）。この場合の問題は，作動性と結びついている「リーダー」
の役割と女性的ジェンダー特性である共同性（配慮，相互依存，温かさ，養育，
従属性，協力など）との間に役割の不一致があることです（Eagly & Karau,
2002）。
　さらに，共同性と作動性に加えて，能力と好感度も関連します。女性リーダー
が共同性を発揮すると，女性役割に適合し，好感度は上がりますが，リーダー
役割には不適合で，能力が低いと判断されます。逆に，女性リーダーが作動性
を発揮すると，リーダーとしての能力は高いけれど，女性役割には不適合とな
り，好感度が下がります。つまり，女性は女性の性役割と男性的なリーダーシッ
プ資質に二重に拘束されている，いわゆるダブルバインド状態にあります。特
に，男性的なリーダーシップスタイルをとる女性に対して否定的な評価がなさ
れるとの指摘があります（Rhee & Sigler, 2015）。一方で男性は，作動性を発揮
すると能力も好感度も高く，共同性を発揮すると能力を多少低くみられる可能
性はありますが，好感度は下がらないので，ダブルバインドにはなりません。
　ステレオタイプに基づいた信念や態度はやがて自動化され，無意識のバイア
スとなります。私たち誰しもが持っている無意識のバイアスは，自覚できない
ため自制することも難しく，本人が意識しないところで行動や意思決定に影響
を与え，時には差別につながります。Think manager − Think male は残念なが
らいまだグローバルな現象であり，むしろ最近の研究では，Think follower −
Think female，つまりリーダーに従うフォロワーといえば女性を想起するとい
う現象も報告されています（Braun et al., 2017）。

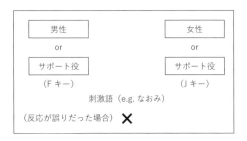

図1　IAT 画面の模式図（不一致ブロック）

４ ハーバード大学を主体に開発された無意識のバイアス測定法と研究例

　自己のバイアスに気づくことがバイアス軽減につながることを多くの研究が示しています。1998年にハーバード大学とワシントン大学の研究者らは，無意識のバイアス測定法として Implicit Association Test（以下，IAT）を開発しました（Greenwald et al., 1998）。同年，ハーバード大学を主体に Project Implicit という国際的ネットワークで展開する大規模な IAT 研究が始まりました。IAT は Project Implicit のサイトで無料体験することができます。これまでに年齢（高齢者 vs 若年層），人種（黒人 vs 白人），科学分野とジェンダー，キャリアとジェンダー，セクシャリティなど多数のステレオタイプに関する IAT が開発されており，大勢の人々が IAT を体験しています。IAT は，潜在的な概念間の連合の強度を測定するために開発されたカテゴリー分類課題です。具体的には，キーボード上の２つのキーを使って連続的にパソコンの画面中央に表示される刺激語を２つのカテゴリーに分類する試行を繰り返し，各試行で反応時間（判断に要した時間）を測定します。反応時間が早いほど，連合が強いことを表します。

　一例として，ジェンダーとリーダーとの連合を調べた筆者の IAT 研究を紹介します（Matsuda-Chapman, 2019）。被験者は，「女性」の名前か「サポート役」の言葉が呈示されたら F キーを押し，「男性」の名前か「リーダー役」の言葉が呈示されたら J キーを押します。その後，組み合わせを逆にして「女性」と「リーダー役」，「男性」と「サポート役」で F または J キーを押します。被験者は素早くキーを押さなければなりません。私たちは，一般的には「男性」を「リー

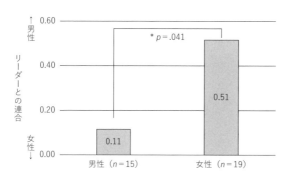

図2　IAT値の男女比較

ダー役」,「女性」を「サポート役」と結びつける傾向が高いため, これを一致
ブロックといいます。逆の組み合わせは, 不一致ブロックとなります（図1）。

　成人男女を対象とした本研究では, 被験者全体に男性とリーダーをより強く
連合する無意識のバイアスの存在が確認されました。さらに, その連合は男性
よりも女性のほうが強いということが認められました（図2）。この結果から,
女性は男性以上に自らのジェンダーをサポート役と強く結びつけている, つま
りジェンダーをもとにした自己ステレオタイプ化が生じている可能性が考えら
れます。そのような自己ステレオタイプ化はステレオタイプ脅威につながる危
険性があります。

⑤ 女性を縛るステレオタイプ脅威

　ステレオタイプ脅威とは, 自分への評価に対する懸念が高まる状況下におい
て, 否定的なステレオタイプ（例えば"黒人は白人より学業面で劣っている"）
が活性化し, それに一致して実際に成績が下がってしまう現象を指します（Steele
& Aronson, 1995）。これを筆者の研究例にあてはめると, 管理職昇進の時期を
迎えている女性が無意識のうちに「（女性である）自分はリーダーよりも補佐
役に向いている」と自己をステレオタイプ化することで, 管理職に就くことへ
の不安が高まります。その不安に縛られると, 仕事で本来の実力を発揮できず,
結果として評価が下がり, 昇進の機会を失うといったことが起こります。

　ステレオタイプ脅威はすでに管理職に就いている女性にも忍び寄ります。例えば，男性優位の職場で働く女性リーダーは，ステレオタイプを回避するために，女性集団から距離をとる，男性的に振る舞う，女性部下の昇進を喜ばないなど，いわゆる女王蜂症候群と呼ばれる行動をとることもあります（Derk et al., 2016）。近年は，ステレオタイプ脅威がストレスを引き起こし，その結果，不安やネガティブな感情を生み出すだけでなく，脳のワーキングメモリ機能（情報を一時的に保ちながら操作するためのシステム）を低下させることなども明らかになっています（Hoyt & Blascovich, 2010）。

6 無意識のバイアスの軽減に向けた方策例

　自分では女性に対する伝統的なステレオタイプに反対だと思っていても，意図せず女性をステレオタイプ的に判断しているとすれば，そこに無意識のバイアスが存在します。脳に刻み込まれた無意識のバイアスを完全に解消することは難しいものの，軽減することは可能です。その第一歩として，まずは自分の中にあるバイアスに気づくことが大切です。読者の皆さんも先ほど紹介したProject Implicit で IAT を体験してみてください。

　以下に無意識のバイアス軽減につながる方策例をいくつか取り上げます。

(1) バイアス・リテラシー教育

　最近，耳にする機会が増えた「リテラシー」とは，情報を収集し，知識を獲得する，その知識を理解して評価し，実際に活用する能力を指します。バイアス・リテラシー教育では，（IAT を用いて自分の中の）バイアスに気づき，バイアスに関する知識を習得し，バイアスのある状況でどう行動し，どう克服するかをロールプレイやゲーム，クイズ，ビデオなどを通して学び，実践します。医科大学の教員を対象に 20 分間の教育を行ったアメリカの研究では，実施後に IAT の値が男女ともに低下していました（Girod et al, 2016）。

(2) マインドフルネス瞑想法

　私たちは，急な決断を迫られる，ストレス状態にある，マルチタスクによって過重に負荷がかかっている時などに，脳のショートカットであるステレオタ

イプにより強く依存します。ここでは，過去に形成されてきた連想への依存度を低下させる有効な手法であるマインドフルネス瞑想法を用いた研究を紹介します（Lueke & Gibson, 2015）。「マインドフルネス瞑想法」は，自らの呼吸に意識を集中することなどによって「今ここでの経験に，評価や判断を加えることなく，能動的に注意を向ける」，つまりマインドフルな状態を達成するための介入技法です（Kabat-Zinn, 1994）。10分間のマインドフルネス瞑想法に耳を傾けた介入群は，10分間の歴史に関する音声ガイドを聞いた統制群と比べて，年齢や人種に対するネガティブな連想（黒人＝悪い，高齢＝悪いなど）を無意識に発動する傾向が低下していました。「マインドフルネス瞑想法」による無意識のジェンダーバイアス軽減が期待されます。

（3）成長マインドセットの育成

　ステレオタイプ脅威の緩和要因として「人の能力は努力によって変えられる」という成長マインドセットが注目されています。「マインドセット」とは考え方や信念のことです。成長マインドセットの対極には，「人の能力は生まれつきで変えられない」という固定マインドセットがあります（Dweck, 2006）。成長マインドセットの人は，向上心が高く，困難な課題にも成長の機会として積極的に取り組み，失敗を糧にして成長していくことができます。一方，固定マインドセットの人は，他者の目を意識し，失敗を恐れて困難な課題を避けてしまいがちです。そして失敗すると，「自分には才能がないから」と固定的に考え諦めてしまいがちです。努力次第でリーダーとしての能力や交渉スキルを伸ばせると考える女性は，リーダーシップ自己効力感（必要なリーダーシップ行動を発揮する自信）が高く，ステレオタイプ脅威の影響が少ないとされています（Burnette, Pollack, & Hoyt, 2010）。さて，あなたのマインドセットはどちらでしょうか？

①知能は人間の土台をなすもので，変えることはほとんど不可能
②新しいことを学ぶことはできても，知能そのものは変えられない
③知能は，現在のレベルにかかわらず，かなり伸ばすことができる
④知能は，伸ばそうと思えば，相当伸ばすことができる

　①と②に同意する人は固定マインドセット，③と④に同意する人は成長マインドセットの度合いが強いといえます（Dweck, 2006）。成長マインドセットを育てるために，自分の言葉や思考に注意を向ける，上手くいかなくても失敗でなく学びと捉える，他者からの承認を求めるよりも自分を信じる，能力や結果よりも学びの過程を楽しむ，（批判的な）フィードバックを次への学びにつなげるなどが推奨されています。

⑦ 最後に──変化をもたらす行動の連鎖を引き起こす

　2010年頃から米国の大手IT企業Google社やFacebook社などを中心に，無意識のバイアス研修が実施されています。日本でも，ダイバーシティ推進の一貫として無意識のバイアスに関する取り組みが始まっており，IATを研修に組み込む企業も見受けられます。この動きをスピードアップさせるためには，私たち一人ひとりの行動が不可欠です。一人の行動が小さな変化を起こし，複数集まれば行動の連鎖によってムーブメントになり，やがて変革につながります。自分の中にあるバイアスに気づく，バイアス・リテラシー教育の導入を勤務先に提案する，人の能力は変化すると考え，自分に適したリーダースタイルや交渉スキルを練習する機会を職場内外で創る，マインドフルネス瞑想法を実践するなど，まずは何か一つ新しい試みを日常に取り入れてみてください。女性も男性も性役割に縛られず，誰もが働きやすく，生きやすいジェンダー・バランスのとれた社会の実現に向けて。

〈文献〉

Beghini V, Cattaneo U & Pozzan E（2019）A quantum leap for gender equality : For a better future of work for all. International Labour Organization.

Braun S, Stegmann S, Hernandez Bark AS, et al.（2017）Think manager—think male, think follower—think female : Gender bias in implicit followership theories. Journal of Applied Social Psychology 47 ; 377-388.

Burnette JL, Pollack JM & Hoyt CL（2010）Individual differences in implicit theories of leadership ability and self-efficacy : Predicting responses to stereotype threat. Journal of Leadership Studies 3 ; 46-56.

Chisholm-Burns MA, Spivey CA, Hagemann T, et al.（2017）Women in leadership and the bewildering glass ceiling. American Journal of Health-System Pharmacy 74 ; 312-324.

de Looze ME, Huijts T, Stevens GWJM et al.（2017）The happiest kids on earth : Gender equality and adolescent life satisfaction in Europe and North America. Journal of Youth and Adolescence 47 ; 1-13.

Derks B, Van Laar C & Ellemers N（2016）The queen bee phenomenon : Why women leaders distance themselves from junior women. The Leadership Quarterly 27 ; 456-469.

Dweck CS（2006）Mindset : The New Psychology of Success. New York : Ballantine Books.（今西康子 訳（2008）マインドセット―「やればできる！」の研究．草思社）

Eagly AH & Karau SJ（2002）Role congruity theory of prejudice toward female leaders. Psychological Review 109 ; 573-598.

Girod S, Fassiotto M, Grewal D, et al.（2016）Reducing implicit gender leadership bias in academic medicine with an Educational Intervention. Academic Medicine 91 ; 1143-1150.

Greenwald AG, McGhee DE & Schwartz JLK（1998）Measuring individual differences in implicit cognition : The implicit association test. Journal of Personality and Social Psychology 74 ; 1464-1480.

Holter ØG（2014）What's in it for men? Old question, new data. Men and Masculinities 17 ; 515-548.

Hoyt CL & Blascovich J（2010）The role of leadership self-efficacy and stereotype activation on cardiovascular, behavioral and self-report responses in the leadership domain. The Leadership Quarterly 21 ; 89-103.

ILO（2021）International Labour Organization Database（ILOSTAT）: Proportion of women in managerial positions.（https://ilostat.ilo.org/data/#［2022年1月5日閲覧］）

Kabat-Zinn J（1994）Wherever You Go, There You Are : Mindfulness Meditation in Everyday Life. Paris : Hachette Books（田中麻里 監訳，松丸さとみ 訳（2012）マインドフルネスを始めたいあなたへ―毎日の生活でできる瞑想．星和書店）

Lueke A & Gibson B（2015）Mindfulness meditation reduces implicit age and race bias : The role of reduced automaticity of responding. Social Psychological and Personality Science 6 ; 284-291.

Matsuda-Chapman Y（2019）Implicit and explicit gender-leadership stereotypes and workplace diversity in Japan. Paper presented at the 3rd Biennial International Convention of Psychological Science, Paris, France.

内閣府（2021）共同参画（男女共同参画の総合情報誌）No.142（2021年2月号）.
　（https://www.gender.go.jp/public/kyodosankaku/2020/202103/pdf/202103.pdf［2021
　年6月14日閲覧］）

Rhee KS & Sigler TH（2015）Untangling the relationship between gender and leadership.
　Gender in Management 30 ; 109-134.

Schein V（1973）The relationship between sex role stereotypes and requisite management
　characteristics. Journal of Applied Psychology 57 ; 95-100.

総務省（2021）労働力調査2020年.（https://www.stat.go.jp/data/roudou/sokuhou/nen/
　ft/pdf/index1.pdf［2021年6月14日閲覧］）

Steele CM & Aronson J（1995）Stereotype threat and the intellectual test performance of
　African Americans. Journal of Personality and Social Psychology 69 ; 797-811.

WHO Europe（2018）The health and well-being of men in the WHO European Region :
　Better health through a gender approach. World Health Organization.（https://www.
　euro.who.int/en/publications/abstracts/the-health-and-well-being-of-men-in-the-who-
　european-region-better-health-through-a-gender-approach-2018［2020年5月20日閲
　覧］）

Project Implicit®（https://implicit.harvard.edu/implicit/［2020年5月20日閲覧］）

〈参考文献〉
ジョン・カバットジン［春木豊，菅村玄二 訳］（2014）4枚組のCDで実践する マイ
　ンドフルネス瞑想ガイド．北大路書房.

第 **3** 部

働く女性支援の
ベストプラクティス

第 **12** 章

女性社員のセルフコンディショニング力向上のための取り組み

アビームコンサルティング株式会社
三上京子

　アビームコンサルティング株式会社は，日本発，アジア発のグローバルコンサルティングファームで，社員数は約6,500名（2021年4月現在），平均年齢は35歳である（業務内容については後述）。2017年9月の健康経営宣言以降，健康経営優良法人ホワイト500の認定を受けている。

　当社の理念は，「多様な社員が自律し，自らのコンディションを整えて生産性・創造性を高め，個々の強みを生かしチームとして能力を最大限発揮すること，社会の変化にしなやかに対応することでクライアントへの提供価値を高め，社会の持続的成長に貢献する」である。

1 ビジネスアスリートとして

　当社では，社員をビジネス界のアスリートと捉え，上記の理念を実現する目的で「ABeam Business Athlete」というキーワードを掲げ，ワークスタイル変革委員会のもと，Smart Work Initiatives（SWI），Diversity & Inclusion Initiatives（DII），Well-Being Initiatives の3つのイニシアチブ（戦略的組織）で活動をしている。「健康経営」を推進するのは，Well-Being Initiatives（WBI）である（図1）。

　推進メンバーは，現場のコンサルタントを中心に約50名のメンバーで構成されており，ライフバランス（食事，運動，睡眠），脳活，レジリエンス，検証，グローバル推進の各チームに分かれ，それぞれ活動している。健康支援室の保健師も事務局および各チームのメンバーとして参画している。具体的な活

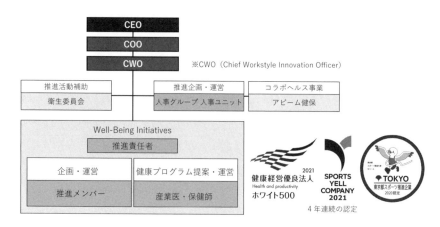

図 1　Well-Being Initiative（WBI）の体制図

動内容は図2のとおりである。この活動では，社員一人ひとりが，ライフスタイルの向上を意識し，自分に合った運動，定期的なメンテナンス方法，疲労時のリカバリー方法などを理解し，継続的に実践するセルフコンディショニング能力を養うことを目標に，Business Athlete Conditioning Program（図2）としてさまざまな方法を提案している。また，社員は，自分のコンディションを可視化するため「Business Athlete Conditioning Level（BACL）」というプログラムを活用する。これは，検証チームが開発し運用をしているアプリケーションで，食事・運動・睡眠・脳科学・レジリエンスの視点からコンディションとパフォーマンスを継続的にチェックし，自分の状態と必要なコンディショニングについてのフィードバックを受け，日々のパフォーマンスマネジメントに活かすアプリとなっている。

　現場の社員と人事，産業医，保健師が一緒に健康経営を推進しているスタイルが当社の特徴である。WBIの推進メンバーは，社内公募を行い，自主的に参加を希望したメンバーで構成されている。メンバーになる際には，志望動機，意欲，業務との調整力を確認するための個人面接がある。これは，Business Athleteの活動すべてが，強制されて行うものではなく，社員が自律して行うとの考え方があるため，推進をサポートする側の社員自らもその姿勢をとる，という考え方に基づいている。

ライフバランス	脳活	レジリエンス
食事・運動・睡眠による コンディショニング	脳の活性と メンテナンスによる パフォーマンス向上	変化に対応するための 心理的アプローチ

検証	グローバル推進	女性のヘルスケア
パフォーマンスと コンディショニングの 可視化	日本だけでなく 海外拠点を含めて Well-Being を推進	ホルモン及び周産期に 関わるヘルスケア

図2　Business Athlete Conditioning Program

2 パフォーマンス向上を目標にした産業保健

　WBI はワークスタイル変革を推進する中で2017年に発足したが，健康支援室は2014年に設置され，それまでアウトソーシングしていた産業保健サービスを社内での運営に変更し，産業医1名の体制から，保健師2名が加わった。現在は，社員数の増加や子会社の産業保健体制構築に伴い，産業医2名，保健師5名，さらに障がい者雇用サポートのために精神保健福祉士も加わった体制となっている。

　ここで当社の業務についての特徴を簡単に説明する。コンサルティングファームである当社は，クライアントの状況に合わせて，多くの社員が社外でプロジェクト業務を遂行する。プロジェクトの度に，各ビジネスユニット（BU）からメンバーが招集されチームが結成されるため，その都度，人間関係構築が必要となる。プロジェクトは，国内外を問わず，就労場所はクライアントのオフィスや在宅，シェアオフィス等である。常に管理者が傍にいる環境ではないため，各自が自律し，体調管理とパフォーマンス発揮の両立をすることが求められる。また，現状に満足することなく，常にチャレンジし続けることが求められるため，健康管理に関して，以前は「体調を気にして無理をしないで過ごす」，という考え方をする人は少なかった。社員の関心は，いかにパフォーマンスを上げるかであるため，健康管理に関するアプローチの仕方も，通常の「疾病予防」や「メンタルヘルス予防」というワードでの発信では関心が薄かった。そのため，2015年10月から労務・健康管理に関する全社員向けの情報発信を「レジリエ

ンス」,「睡眠力強化」,「アンガーマネジメント」の3本柱とし, それらは, パフォーマンスに影響する要素として大切であるという伝え方に変更した。食事・運動・睡眠に関する健康増進の集団教育も開始し,「レジリエンス」を意識して「頑張りたいときに力を発揮できること」,「疲れたり落ち込んだりすることがあっても, 早期に回復できる体調づくりをすればいい」という考え方で企画を立て, 知識のインプットだけではなく, すぐに実現可能な具体的な方法を提案できるように工夫した。「パフォーマンス向上のため」というアプローチは, すべての社員が自分事に捉えやすい。個々が, 自分は何をすべきか, という視点を持って自分に必要なコンディショニングを実践し, パフォーマンス向上と疾病予防の両方が実現できると考える。このパフォーマンス向上のための健康管理という考え方は健康支援室開設当初より現在も続いており, Well-Beingの活動にも受け継がれている。

　社員相談に応じる保健師たち対しても, セルフコンディショニングを実践しながら, 常に成長したいと願う社員と同じ目線で会話ができるよう, 視野を広く持ち, 相談に対応できるよう教育している。問題点に直面したときに, その問題の本質は何かを論理的に考える習慣を持ちつつ, 同時に感情の変化にも配慮した対応ができるように, 日々の経験を大切にして, 自分の中に蓄積できるよう心掛けている。当社の保健師は, キャリアコンサルタント, 産業カウンセラー, 健康運動指導士, 睡眠健康指導士, 中医薬膳師等, さまざまな資格を有しており, コロナ禍で加速した健康管理業務のIT化にも柔軟に対応できている。世の中が変化し, 働き方が変化していく中で, いかなる環境に置かれても, その環境で能力を発揮できる保健師になること, 産業保健師として個人としての付加価値を高めることをポリシーとしている。

③ 女性のヘルスケア施策について

(1) ヘルスケアイベントの開催

　女性向けイベントを最初に行ったきっかけは, ある部門の女性管理職から, 普段は男性社員に囲まれて仕事をすることが多いため, 女性社員同士の交流の場を作りたい, 気軽にコミュニケーションを図れる場にしたいとの相談があり, 女性社員向けの交流会を一緒に企画したことであった。交流会の中で, 皆

写真 1　2018 年実施「女性を楽しむセミナー」の様子

が興味があるテーマを選んだ際に，健康支援室の女性産業医と保健師が行うヘルスケアのレクチャーがよいという希望があった。また，同時期に女性活躍推進をサポートする製品の開発やマーケティングを積極的に行っている企業が増えているという情報を得たため，ヘルスケア関連の企業数社に声をかけて，協力を要請してみたところ，どの企業も我々の企画に積極的に協力してくれた。忙しい日常の中で，セルフコンディショニングを実践するにあたり，活用できるものがあれば紹介するとともに，各企業が，なぜその製品を企画するに至ったかについての情報交換の場になった。企業側も働く女性の生の声を聴く有意義な機会になったと思われる。女性のためのヘルスケアイベントは，その後，Well-Being Initiatives の全社的なイベントへと変化していった（写真 1）。

　これまで実施した女性のためのヘルスケアイベント概要は，表 1 のとおりで，当社の女性のヘルスケアに対する考え方をまとめると以下のようになる。

① 女性特有の健康管理について理解し，セルフコンディショニング，セルフコントロール能力の高い人を目指す。
② ①を実現するためのコンディショニング方法を見つける。
③ 健康管理とキャリアの自己実現の両立について考える機会とする。
④ 女性社員同士で悩みの共有をする機会を提供する。
⑤ 女性であることに自信を持ち，楽しむことを意識した内容を発信する。

表1　女性のヘルスケアイベント概要

開催年（企画者）	テーマ	講師	参加者数
2017年7月，8月 部門内交流会 （職場＆健康支援室）	女性の健康とホルモンセミナー 基礎体温講座 女性の健康とサプリメントセミナー 葉酸サプリメントについての説明	女性産業医 体温計メーカー社員 サプリメントメーカー 社員	36名
2017年9月，10月， 11月 部門内交流会 （職場＆健康支援室）	女性の健康とホルモンセミナー 女性と睡眠セミナー 東洋医学と薬膳セミナー 冷え解消，入浴と入浴剤の説明	女性産業医（睡眠健 康指導士） 保健師（中医薬膳師） 入浴剤メーカー社員	39名
2018年8月 セミナー（WBI）	「女性を楽しむセミナー」 女性特有の病気・ライフサイクルとキャリアの形成について ※T社ヘルシー弁当配布	婦人科専門医（性科 学医学博士）	90名
2019年9月 セミナー（WBI）	働く女性のヘルスケアメソッド セミナー 第一部　若年層向け 第二部　更年期対策 ※アロマグッズ作成実演会	ホリスティックビュー ティ協会アドバイザー （スキンケア・アロマ セラピスト）	48名
2020年11月 ウェビナー（WBI）	「漢方でコンディショニング」 セミナー 性別問わず知ってもらいたい、 女性が生涯抱えるホルモン変動 のこと	薬剤師（オンライン 漢方薬局代表）	140名

　この取り組みが社員にどのように受け取られているかを示すアンケート結果や社員の声は以下と図3，4の通りである。

◆「女性を楽しむセミナー」の感想
- 女性向けセミナーは，子どもや配偶者ありきで語られることが多いですが，キャリア・人生設計を考える上で，どのように体の特徴を理解するか，どう対処するかという視点で話されていてよかった。
- 少し安心して，女性を楽しみながら働いていきたい。
- キレイごとの話だけでなく，寄り添ってくださるところも魅力でした。
- ピルについての知識が得られた
- 健診にはちゃんと行こうと思う。

女性特有の症状を積極的に
コントロールしようと思いますか？

ホルモンバランスによる心身への影響・症状について
理解できましたか？

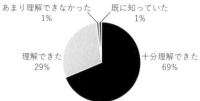

図 3　「女性を楽しむセミナー」のアンケート結果

年代

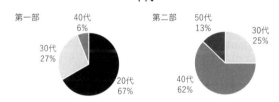

セミナーを受ける前後の「健康管理」に対する理解度の変化
（1．少し知識がある ⇔ 5．かなり知識がある）

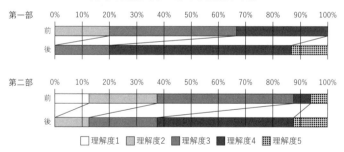

図 4　「働く女性のヘルスケアメソッド」のアンケート結果

◆「働く女性のヘルスケアメソッド」第一部の感想
- 現代の働く女性を取り巻く環境について，昔と比較したときの違いの大きさに驚いた。
- 今までは「たかが生理痛，痛み止めを飲めば大丈夫」と思っていました。病気の可能性もあるとのことで，病院へ行き相談しようと思いました。

◆「働く女性のヘルスケアメソッド」第二部の感想
- ホルモンバランスが変わることで体調にどのような影響がでるかのご説明はとても参考になり，無駄に心配したり，不用心にしたりすることがなくなり，知識として持てたことはとてもよかったです。
- 若いころと同じケアではダメで，年齢に応じて早め早めにケアも変化していかなくてはならないことがとても参考になりました。また，アロマについて大変興味がわきました。

(2) 女性用の相談窓口を設置

　女性特有の悩みに対応する個別の相談窓口として，①女性産業医（内科），②婦人科医相談サービスの契約（外部委託）の2つを設置している。これは，「婦人科選びに困る」，「婦人科受診に関して社内の人に知られたくない」という社員の声を聞くことが多かったため，専門医の相談をまずは無料で受けられ，必要に応じて婦人科受診ができるシステムにしている。病気の治療と仕事との両立に関する相談は産業医が対応する。また，健康相談と育児，介護とキャリアの悩みが共存していることも少なくないため，産業医は，幅広い相談に対応している。

４ 女性活躍支援制度について

　多様な人権の尊重とワーク・ライフ・バランスの徹底に関してさまざまな施策を推進しているのがDiversity & Inclusion Initiative（DII）である。女性活躍推進の施策としては，全社員における女性比率を30%（2020年度で28.5%），管理職の女性比率を12%（2020年度で13.5%：達成）にするなどの目標を掲げ，女性社員のさらなる活躍を目指した環境づくりに取り組んでいる。また，①女

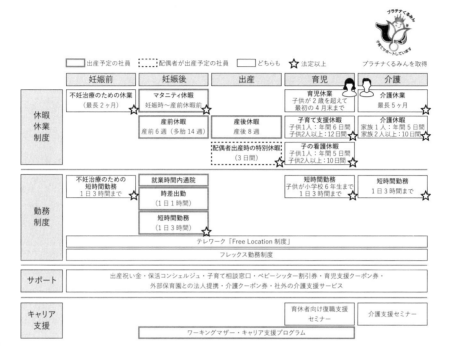

図 5　ライフステージに応じた支援

性社員を対象とした育成やネットワークづくり，②管理職を対象とした意識醸成，③風土づくりなどの行動計画を掲げ，厚生労働省から「えるぼし認定」（女性の活躍促進に関する認定制度）も受けている。

　ライフステージに応じた支援としては，妊娠・出産・育児・介護などによってキャリアの中断が起きないよう，図5のような支援体制を整備している。

⑤ まとめ

　当社の健康経営施策としてのWell-Beingおよび産業保健活動について概説した。あわせて，女性のヘルスケア施策および支援制度についても紹介をした。
　当社の女性社員に対する取り組みのポイントは，女性特有の体調不良をネガ

ティブに捉えるのではなく，女性ホルモンの分泌メカニズムとその働きを理解し，その変動に振り回されることなく，先手を打ってケアをすることで，日々のパフォーマンスに影響しないようにする具体的な方法を提案することである。また，そのような女性特有のコンディショニングの必要性について男性にも知ってもらえるよう，男性社員の参加も促している。

　女性が「活躍する」という考え方には，男性のようにふるまうことや，男性中心の視点を気にしながら適応を考えることとは違う。また，周産期を意識した取り組み以外に，妊娠や出産を選択しない人生もあることへの配慮も大切であると考えている。年代に応じたケア，ライフプランとキャリアとの両立サポートを視野に入れた教育は，女性社員にとって身体的だけではなく精神的な支えにもなると考えられ，今後も継続し，男性社員も積極的に参加してもらえるような企画としていきたい。

第 **13** 章

日産自動車横浜工場における女性労働者の メンタルヘルス不調の原因調査と連携

労働衛生における問題解決型アプローチの開発

日産自動車健康保険組合
宋裕姫・足立恭子

1 はじめに

　日産自動車株式会社横浜工場は，車両の一貫生産ラインを有する日本で初めての自動車の量産工場で，1935年に稼動を開始した。現在は3つの地区から構成され，エンジンやモーター，サスペンション部品等を生産する主力ユニット工場となっている。

　横浜工場（以下，当事業場）で働く従業員は3,130名で，うち203名が女性である（2021年3月現在）。

　近年，当事業場の健康推進センターにおいて，女性の健康相談が増えているのではないかと感じ，相談件数や休業者を調べてみたところ，女性労働者の健康相談や精神疾患による傷病休業が増加していることがわかった。そのため，女性労働者のメンタルヘルス不調の原因を調査し，健康管理システムを構築していくことにした。

2 女性従業員の健康問題に関する気づき

　筆者らは，日々の産業保健活動において，「女性従業員の健康相談が増えている」，「女性従業員のメンタルヘルス不調による疾病休業が増えている」とい

う感覚を覚えたときに，実際にどのようなアクションをとるべきなのかがわからなかった。管理監督者教育をすべきなのか，その場合どのような教育をするのか，女性従業員同士のつながりを醸成するためにランチ会を実施するのか，女性特有の健康問題や悩みを把握するために産業保健スタッフが全員面談を実施するのか……など，アイデアはあるものの，それが正しいのかどうかがわからなかった。また，そのような活動を実施する産業保健スタッフの人員確保も容易ではなく，さらに，単発的ではなく継続的な活動になるのか，効果はあるのか，誰に相談すればいいのか，ということもはじめは見当がつかなかった。

　そこで，筆者らは，労働衛生における問題解決法を開発することとした。その際，以下の3つの視点を参考にした上で，安全衛生管理体制，衛生委員会，マネジメントシステム，メンタルヘルス対策の4つのケアや1～3次予防活動など，産業保健に関する資源を活用できるようなものにしたいと考えた。

①効果的な対策を構築・実施するための「根拠に基づく公衆衛生：Evidence-based public health」（Brownson et al., 2018）
②実証研究ではなく問題解決を目指す研究手法である「参加型アクションリサーチ：Community-Based Participatory Research（CBPR）」（Coombe et al., 2008；秋山，2015；O'fallon & Dearry, 2002）
③国際労働衛生委員会（ICOH, 2012；2014），世界保健機関（WHO, 2000），米国産業環境保健協会（Cloeren et al., 2014），日本産業衛生学会（n.d.1；n.d.2）の産業保健実務家のコンピテンシーから抽出したマネジメントスキル

　その結果，図1のような労働衛生における問題解決型アプローチのフレームワークを開発した。

③ 労働衛生における問題解決型アプローチの開発

（1）課題設定
①問題発見～原因特定
　産業保健スタッフは，日々の活動の中で問題を発見することがある。特に，

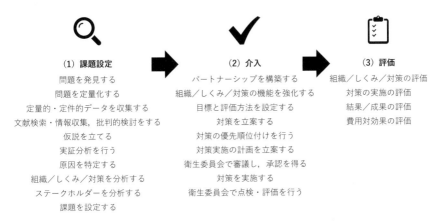

（1）課題設定
問題を発見する
問題を定量化する
定量的・定性的データを収集する
文献検索・情報収集，批判的検討をする
仮説を立てる
実証分析を行う
原因を特定する
組織／しくみ／対策を分析する
ステークホルダーを分析する
課題を設定する

（2）介入
パートナーシップを構築する
組織／しくみ／対策の機能を強化する
目標と評価方法を設定する
対策を立案する
対策の優先順位付けを行う
対策実施の計画を立案する
衛生委員会で審議し，承認を得る
対策を実施する
衛生委員会で点検・評価を行う

（3）評価
組織／しくみ／対策の評価
対策の実施の評価
結果／成果の評価
費用対効果の評価

図1　労働衛生における問題解決型アプローチ

　事例対応をするうちに，同じような悩みや問題を抱えた，あるいは，その原因が似通っている事例を続けて経験することがある。はじめは感覚的なもので，「○○部でメンタルヘルス不調者が増えた気がする」，「残業が増えていて，睡眠時間を確保するのが難しそうだ」，「職場全体が忙しく，新人が困っていそうだ」などの気づきである。

　問題を発見したら，その問題を定量化する。例えば，メンタルヘルス不調による休業のリスクがどの集団で高いのかを把握するために，年齢階層別，業種別，事業場別のデータを収集する。長年同じような状況なのか，今年だけの傾向なのかを把握するために，時間的な推移も確認をする。

　次に，ストレスの原因となり得る要因についてデータを収集する。産業保健スタッフであれば，労働時間，健康診断，ストレスチェックなどの定量的なデータ，産業医の健康相談記録やインタビュー調査などの定性的なデータを収集できる。その際には個人情報や健康情報の取り扱いに留意する（厚生労働省，2019）。

　文献検索・情報収集と批判的検討では，問題がどのような集団においてどの程度発生するものなのか，X（原因）とY（結果）に関連はあるのかについてすでに研究報告がされているかを把握する（Type 1 eticlogic evidence（Brownson et al.,2018））。Nishiuraら（2017）の研究では，国内民間企業を対象とした調

査において，女性労働者では，特に若年層でメンタルヘルス不調による疾病休業のリスクが高いこと，人間関係での悩みを抱えているという報告があった。また，海外の報告では，女性では，男性と同様に「業務上の負荷が高く，裁量が低い」場合以外にも，「業務上の負荷が高く，裁量も高い」という男性であればやりがいを感じると言われている状況でもメンタルヘルス不調による疾病休業のリスクが高いという報告があった（Gilbert-Ouimet et al., 2020）。以上より，女性労働者では，メンタルヘルス不調による疾病休業のリスクが高く，人間関係での悩みや，男性とは異なる職業性ストレスを抱えている可能性があった。このことは，社会的な課題を企業において解決するということになり，企業の事業環境に対するリスクマネジメント，採用力などの経営強化や，企業の社会的責任を果たすことにつながると言えるため，社内のステークホルダーに課題設定の正当性を説得しやすくなる。

　次のステップである実証分析（Empirical Analysis）を行うために，仮説を立てる。仮説は，因果関係 X（原因）→ Y（結果）で概念的に定式化され，その後，実証分析で操作できるような変数にする。例えば，概念的に，「ストレスが高い（X）と，メンタルヘルス不調による疾病休業のリスクが高い（Y）」と因果関係を定式化した仮説を立てたとする。この概念的な仮説について実証分析を行うためには，以下のように X（原因）と Y（結果）を定量化できる変数に変換する。

◆X：ストレスチェックで，「高ストレス」と判定された者（「高ストレス」の定義も提示する）

◆Y：ICD-10 における精神疾患と診断され，診断書を会社に提出した者のうち，7 日以上疾病休業を取得した者

　そして，定式化した仮説をもとに，実証分析を行う。

　産業保健の現場には，健康診断やストレスチェックのデータがある。これら既存のデータを用いて行う実証分析には，疫学研究の手法を適用できる。

　実証分析によって仮説のうち関連性がありそうなものを，後述する対策案作成のために，「原因である可能性があるもの」として列挙しておく。

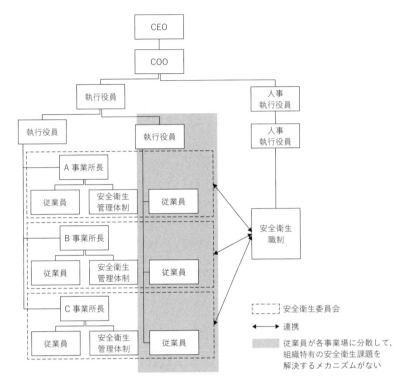

図2　組織のレポートラインの例

②組織分析〜課題設定

1）組織を分析する——企業活動におけるレポートラインと安全衛生管理体制の分析

　組織行動学（ロビンス，2017）などの組織論を参考に，企業，事業場，組織のレポートラインを図にする（図2）。そのレポートラインと安全衛生管理体制の意思決定者（経営者）に乖離がないかを確認する。

2）しくみの分析——企業活動および労働衛生におけるマネジメントシステムの分析

　労働安全衛生マネジメントシステム（厚生労働省，2006；平林，2018；

ILO, 2009）を参考にしながら，自社の労働衛生活動にマネジメントシステム
が適用されているかを確認する。衛生委員会で，目標設定や活動計画を審議し
ているか，PDCAサイクルの月次点検や年次の振り返りや評価などを行ってい
るかがポイントである。

3）対策の分析 ── メンタルヘルス対策における4つのケアと一次～三次予防
　　の分析
　　メンタルヘルス対策は，すでに「労働者の心の健康の保持増進のための指針」
（厚生労働省，2015）で枠組みが示されているので，それをもとに分析するとよい。
この枠組みは，4つのケアで，労働者自身，管理監督者，事業場内産業保健ス
タッフ，専門医やEAP（従業員支援プログラム）など事業場外資源によるケア
を示している。それらのメンタルヘルス対策の当事者に対し，一次予防（メン
タルヘルス不調の未然防止）としての①教育研修・情報提供の機会，②ストレ
スチェックを含む職場環境等の把握と改善，二次予防（メンタルヘルス不調の
早期発見と適切な対応）としての③メンタルヘルス不調への気づきと対応，三
次予防（疾病管理）としての④職場復帰における支援が示されている。近年は
三次予防に，両立支援，合理的配慮なども含まれる。これらの要素があるか，
機能しているかなどを丹念に確認していくとよい。
　　今回，筆者らの分析によって，当社のメンタルヘルス対策は全体的にはよく
構築されているものの，詳細な評価を進めるうちに，メンタルヘルス不調によ
る疾病休業のリスクの高い，生産工場で働く入社直後の若手従業員に対して，
メンタルヘルス教育が行き届いていない設計になっていることに気づいた。ま
た，ストレスチェックの組織分析は，職場ごとのストレスの状況を説明するの
みであり，休業の原因や休業のリスクとなっている年齢や性別などの層別の分
析はなされていなかった。

4）ステークホルダーを分析する
　　産業保健活動においてもステークホルダーの分析は欠かせない。なぜなら，
産業保健スタッフだけで問題の解決はできないからである。4つのケアで示し
たように，メンタルヘルス対策は，労働者自身，管理監督者，専門医やEAP
以外にも，全社的なメンタルヘルス対策の企画・運営をしている本社の安全衛

生部門，労働組合，健康保険組合などもステークホルダーになる。そして，も
ちろん，経営資源をどのように振り分けるのかを決定する経営者，事業者は重
要なステークホルダーである。それぞれの利益（メリット）となるような連携
を可能とするためには，この分析を通してそれぞれの役割，責任，権限や利害
を把握することで，コミュニケーション戦略を構築しやすくなる。

（2）介入
①パートナーシップを構築する

　パートナーシップの構築には，日頃の産業保健活動も影響する。心理学の返
報性のルールによれば，人は自身が支援を受けると，相手に支援を返したいと
いう気持ちになりやすい（チャルディーニ，1991）。産業保健スタッフは，健
康相談や事例対応で，労働者自身や管理監督者，人事担当者などから多くの相
談を受ける。その際には，産業保健スタッフとして問題が解決するまで支援を
惜しまない姿勢がその後の連携を容易にする。

　今回の問題解決型アプローチでは，発見した問題について，まず意思決定者
である経営者や事業者と共有することから始める。ここでは産業医の権限のひ
とつである「事業者との意見交換」を活用するとよい。面会の際は，客観的な
データに基づく事実（Fact）と自身の推論や意見を切り分けて伝えると，経営
者や事業者は意思決定を支援してもらったという感覚を覚えやすいようだ。ま
た，この面会によって意思決定者の経営哲学，信念，目標，経営課題なども把
握できれば，労働衛生課題が経営課題の一部となる全体像を描くためのヒント
を得られるため，意思決定者の話を傾聴する時間帯を確保することも心掛ける。
よって，筆者らは，30分の面会であれば，5分から10分で客観的な事実を伝え，
その後の10分間は意思決定者の話をゆっくりと傾聴し，最後の10分で意見交
換や今後の方針の確認をするという時間構成を心掛けている。こうすればたと
え時間が足りなかったとしても，「もっと詳しく話を聞きたい」と思ってもら
えることが多く，再度改めて時間を確保できる可能性が高まる。

　意思決定者のコミットを得られれば，多職種連携の構築は容易になるが，そ
の際も，対立構造にならないよう注意が必要である。筆者らは，各職能が手を
つないで円を作り，中心に問題を置いて皆で眺める，皆で取り組むというよう
な関係づくりをイメージすることを心掛けている。

②対策を立案し，実施する

このフェーズでは，構築したパートナーシップ内で議論することになる。

まずは，産業保健活動のためのインフラづくりのために，組織／しくみ／対策の分析で特定できた機能の弱点を強化するような対策を構築する。具体的には労使で議論する場（衛生委員会など），体制やしくみ（従業員の意見収集など），マネジメントシステムを活用して構築する。その際可能であれば介入が可能となる文脈や状況（Type 3 contextual or translational evidence（Brownson et al.,2018））を調べる。

次に，目標設定である。目標は，労使が目指すありたい姿であり，定量化できるものである。メンタルヘルス不調を防ぎたい場合は，「メンタルヘルス不調による休業者の発生率」などである。「ストレスレベルを下げる」，「高ストレス者を減らす」という目標は，産業保健スタッフとしては取り組む意義があるが，経営的なベネフィットに換算しづらいため，意思決定者である経営者への訴求力は強くないかもしれない。

そして，目標を達成するための対策の立案を行う。ここでは，実証分析の結果から推測されるX（原因）を解決する取り組みを検討する（Type 2 intervention evidence（Brownson et al.,2018））。幅広い利害関係者で構築したパートナーシップ内で議論することで，産業保健スタッフの一方的な押し付けではなく，共に学び，議論できる信頼関係が醸成されることで，活動に対し適切に資源が振り分けられ，インフラの強化や対策の実現可能性が高まる。

対策実施の計画の際には，対策の有期性（多くは会計年度だが，複数年計画の場合もある）から，プロジェクト・スケジュール・マネジメント（鈴木，2018）の考え方を参考にし，以下のような流れで作成するとよい。

1. 対策に必要な作業を定義する
2. 作業の段取りを決め，順序を設定する
3. 最終的なスケジュールを作成する

計画書には，必ず，作業ごとに担当者も記載し，担当者の業績評価に反映させると，担当者も取り組みやすくなる。

③衛生委員会で対策実施計画を審議し，承認を得る

　衛生委員会には労働組合や労働者の代表が参加するため，労働衛生管理，産業保健活動に労働者の意見を反映させることができる。また，衛生委員会の議事録は3年間の保存義務がある（厚生労働省，n.d.）ため，対策がうまくいった，あるいはそうでなかった時に，後から審議の状況を振り返ることができる。

④対策を実施し，衛生委員会で点検・評価を行う

　各担当者は，対策実施の計画に沿って，作業を行う。その際，対策実施計画とその進捗状況が共有化され，担当者同士が連携しやすくなるとよい。そして，毎月の衛生委員会で対策が計画通り実施されているかを点検する。スケジュールの進捗実績と計画のギャップを分析し，対策を講じる必要があれば，それについても審議する。ギャップの挽回策について承認を得れば，対策実施計画に加筆する。加筆履歴は必ず残すようにする。

　月次点検以外に，年度の評価も行う。その際は，次項の「評価」を参考に行う。

（3）評価

　今回の問題解決型アプローチのように，企業文化を深く理解した上で，ステークホルダーとのコミュニケーションを強化し，信頼を醸成していく専門職の活動は，時間はかかるものの，多くの価値をもたらすと言われている（O'Fallon & Dearry, 2002）。評価は，これらの価値を考慮に入れる必要がある。なぜなら，労働衛生上の課題解決のために設定した目標は，単年で達成することが困難であることも少なくないからである。複数年あるいは長い期間を要するものもあるが，企業活動は単年で評価される。よって，単年で目標が達成できたかどうかだけを評価尺度にすれば，単年での目標達成ができなかった場合，今回の取り組みは失敗であったということになる。そうではなく問題解決型アプローチがもたらす目標への到達以外の多くの価値の評価も，評価尺度に入れておく。そして評価は図1にも示した通り，「組織／しくみ／対策の構築の評価」「対策の実施の評価」，「結果／成果の評価」，「費用対効果の評価」など多軸評価を行う。さらに，評価したものは，安全衛生委員会などでステークホルダーに報告すると，さらにパートナーシップや多職種連携を強化できるようになると言われている（O'Fallon & Dearry, 2002）。図1に示したフレームワークの要素一つ

ひとつをすべて完璧にこなせなくとも，どの要素を実施できたのか，それによって働く人や企業にもたらされた価値は何だったのかを評価し，まとめ，報告をするということは，今後の産業保健活動の推進にとっても重要であると言える。

④ 事例──女性労働者のメンタルヘルス不調の原因調査と事業所との連携

③で開発した方法に基づき，当事業場における女性労働者のメンタルヘルス不調の原因を調査し，事業場と連携して対策に取り組んだ事例を以下に紹介する。

(1) 質的調査

当事業場の女性労働者のメンタルヘルス不調の原因を調査するため，産業医の健康相談記録を分析した上で，調査項目を設定し，半構造化面接を実施した。面接は機縁法で承諾を得られた2職場の女性労働者11名を対象に実施し，インタビュアーが記述したものをデジタルデータにした上で，テキストマイニングにて分析した。半構造化面接では，①月経痛等母性健康管理に関すること，②重量物取り扱い等人間工学的因子に関すること，③孤立など社会的支援上の課題に大別され，問題を抱えた際の「相談しづらさ」も特定できた。この結果を労働安全衛生管理体制の構成員である副総括安全衛生管理者（総務部長）と安全衛生主管部署の職制に報告し，指示を受け，部長会で全女性労働者を対象とした原因の調査について承諾を得ることができた。

(2) 量的調査

女性労働者全員を対象とした原因の調査として，2019年10月7日～31日の期間，当事業場に勤務する女性労働者221名に対し，調査票を用いた調査を実施した。調査票には，新職業性ストレス簡易調査票と半構造化面接の結果をもとに選定した母性健康管理，人間工学，社会的支援に関する質問を追加したものを用いた。新職業性ストレス簡易調査票では，生産工程・労務作業者の全国平均と比較して平均並みだったものの，仕事の資源（「役割明確さ」や「経営層との信頼関係」）や「抑うつ感」，「家庭満足度」，「ワーク・エンゲイジメント」

は全国平均と比較してやや悪い結果であった。また，質的調査で得られた当事業場の課題に関連した調査票では「筋力の負担や疲労感がある」，「女性特有の症状に関して相談先を知らない」等が課題にあがり，自由記載においては「設備に関すること」，「女性特有の症状や月経に関すること」，「仕事とプライベートの両立や時間のなさに関すること」，「長時間の仕事の拘束や夜勤等の身体的負担」，「男性が多い職場で女性一人の働きづらさ」等の意見があった。

(3) まとめ

　当事業場における女性労働者のメンタルヘルス不調という問題について，原因を調査し，健康管理システムの構築をした。課題の特定は，産業医の健康相談件数や精神疾患による傷病休業者数を集計した。原因の調査としては，産業医の健康相談記録をもとにした半構造化面接を実施した上で，当事業場の女性労働者全員を対象に調査票を用いて調査をした。半構造化面接では，人間工学的因子などの作業環境や作業上の課題，母性健康管理や社会的支援などが女性労働者の健康に影響を与えている可能性が示唆された。また調査票を用いた原因の調査では，設備やエルゴ対策，女性特有の健康管理支援といった環境整備や女性労働者の意見の反映と体制の構築の必要性が示唆された。今後は，調査票による原因の調査結果に基づいた目標の設定・活動計画を安全衛生委員会で審議し，実施・改善を行う労働安全衛生マネジメントシステムの構造をもつ健康管理システムの構築をさらに進めていく予定である。

　問題解決型アプローチでは，産業保健スタッフとして役割がある。例えば産業保健専門職のコンピテンシーには，人・部門・組織の成長をサポートする力や意見を調整する力等が求められている。具体的には「問題を通して職場が成長する風土づくりの支援」，「人・部門・組織が自分で気づき解決できるような支援」，「問題解決のために，人・場所・時を見極め，キーパーソンに働きかける」，「問題解決に向けていろいろな方法で相手の理解を得て説得する」等の能力である（河野，2017）。女性労働者のメンタルヘルス不調の原因を調査し，健康管理システムの構築をしていく上でさまざまなハードルがあったが，その一例を挙げると，調査をしたいと提案した際，「どうして女性だけなのか？」という質問をよく受けた。事業場としては男性従業員の比率の多さを考えれば自然な質問であった。しかし，その比率に対して女性労働者のメンタルヘルス不調

が多いことを組織のキーパーソンに丁寧に説明し，対話の機会を設定すると，ステークホルダーは納得し，協力してくれた。その結果，事業場が女性労働者の健康管理を重要な労働衛生課題と認識し，産業保健スタッフと安全衛生管理体制が協働して課題解決に取り組むことができた。

今回の取り組みから，他の労働衛生課題の解決においても，事業場や安全衛生管理体制との連携や安全衛生委員会の活用が有効であり，他の問題への取り組みにも応用できる可能性がある。

〈文献〉

秋山弘子（2015）高齢社会のアクションリサーチ―新たなコミュニティ創りをめざして．東京大学出版会．

Brownson RC, Baker EA, Deshpande AD, et al.（2018）Evidence-Based Public Health. 3rd ed. New York : Oxford University Press.

ロバート・B・チャルディーニ［社会行動研究会 訳］（1991）返報性．In：影響力の武器―なぜ，人は動かされるのか．誠信書房．pp.23-70.

Cloeren M, Gean C, Kesler D, et al.（2014）American College of Occupational and Environmental Medicine's Occupational and Environmental Medicine Competencies-2014 : ACOEM OEM Competencies Task Force*. J Occup Environ Med 56 ; e21-e40. doi:10.1097/JOM.0000000000000173

Coombe CM, Israel BA, Schulz AJ, et al.（2008）Community-based participatory research. In : S Boslaugh Ed. Encyclopedia of Epidemiology. California : Janke, Rolf A, pp.209-211.

Gilbert-Ouimet M, Trudel X, Aubé K, et al.（2020）Differences between women and men in the relationship between psychosocial stressors at work and work absence due to mental health problem. Occup Environ Med 77 ; 603-610. doi:10.1136/oemed-2019-106242

平林良人（2018）ISO45001:2018（JIS Q 45001:2018）労働安全衛生マネジメントシステム 要求事項の解説．中央労働災害防止協会．

International Commission on Occupational Health（2012）International Code of Ethics for Occupational Health Professionals.（http://www.icohweb.org/site_new/multimedia/core_documents/pdf/code_ethics_eng_2012.pdf［2020年3月19日閲覧］）

International Commission on Occupational Health（2014）産業保健スタッフのための国際倫理コード 第3版．（http://www.icohweb.org/site/core-documents.asp［2019年3

月29日閲覧〕）

International Labour Office（2009）Guidelines on occupational safety and health management systems ILO-OSH 2001 second edition. pp.1-28.（https://www.ilo.org/global/topics/safety-and-health-at-work/normative-instruments/WCMS_107727/lang--en/index.htm）

河野啓子（2017）産業保健・産業看護の理念．In：産業看護学．日本看護協会出版会，pp.10-14.

厚生労働省（2006）労働安全衛生マネジメントシステムに関する指針．（http://www.jaish.gr.jp/anzen/hor/hombun/hor1-2/hor1-2-58-1-0.htm〔2020年3月19日閲覧〕）

厚生労働省（2015）職場における心の健康づくり―労働者の心の健康の保持増進のための指針．（https://www.mhlw.go.jp/file/06-Seisakujouhou-11300000-Roudoukijunkyokuanzeneiseibu/0000153859.pdf〔2018年10月3日閲覧〕）

厚生労働省（2019）事業場における労働者の健康情報等の取扱規程を策定するための手引き．（https://www.mhlw.go.jp/content/000497966.pdf〔2019年12月5日閲覧〕）

厚生労働省（n.d.）安全衛生委員会を設置しましょう．（https://www.mhlw.go.jp/new-info/kobetu/roudou/gyousei/anzen/dl/0902-2a.pdf〔2021年3月19日閲覧〕）

日本産業衛生学会（n.d.1）産業医専攻医の実務研修．（https://ssl.jaoh-caop.jp/associate/practical_training.html〔2020年4月1日閲覧〕）

日本産業衛生学会（n.d.2）産業保健看護専門家制度とは．（http://hokenkango.sanei.or.jp/〔2020年9月27日閲覧〕）

Nishiura C, Nanri A, Kashino I, et al.（2017）Age-, sex-, and diagnosis-specific incidence rate of medically certified long-term sick leave among private sector employees：The Japan Epidemiology Collaboration on Occupational Health（J-ECOH）study. J Epidemiol 27；590-595. doi:10.1016/j.je.2017.01.003

O'Fallon LR & Dearry A.（2002）Community-based participatory research as a tool to advance environmental health sciences. Environ Health Perspect 110；155-159. doi:10.1289/ehp.02110s2155

スティーブン・P・ロビンス［髙木晴夫 訳］（2017）組織行動のマネジメント．ダイヤモンド社．

鈴木安而（2018）プロジェクト・スケジュール・マネジメント．In：図解入門よくわかる最新PMBOK第6版の基本．秀和システム，pp.86-89.

WHO European Centre for Environment and Health（2000）Occupational Medicine in Europe：Scope and Competencies.（http://www.euro.who.int/document/e68883.pdf〔2020年3月19日閲覧〕）

おわりに

　本書の企画を金剛出版に相談したのはコロナ禍前の 2019 年秋でした。

　当時，経済産業省による健康経営の認定基準に女性の健康に関する項目が加わったということで，多くの経営者や人事，労務，労働衛生担当者の方たちが，女性の健康対応に本腰を入れ始めていた頃で，その参考にしていただくために，働く女性の健康に精通している荒木葉子先生とともに執筆をさせていただくことになりました。

　その後，コロナ禍になり，病気と死がとても身近に感じられるようになりました。医療現場ではもちろんのこと，読者の皆様もご家族，友人，知人，同僚などを新型コロナウイルス感染症あるいはそれに関連して亡くされた方は多くいらっしゃると思います。これだけ多くの方が亡くなったコロナ禍を生き残った私たちができることのひとつは，今後の人生を健康に生きることだと思います。

　コロナ禍で，感染症防止を心がける中で，読者の皆様のヘルスリテラシーは自然と向上し，基礎疾患がなく健康体でいることが，どんなに重要かを実感されたと思います。さらに，本書を読んでいただき，女性のかかりやすい基礎疾患や，女性が健康体でいるための効果的な予防法が，男性とは異なる部分があるということを知っていただけましたら幸いです。

　働く女性と一言に言っても，独身，既婚，一人暮らし，同居，シングルマザー，トランスジェンダーなど，ライフスタイルはさまざまですし，それによる心身への影響もさまざまです。なお，本書における性は，本人が自認している性であり，生まれときの性だけを指しているわけではありません。本書を読んでいただき，働く女性ご自身が，ライフステージや年代ごとの健康や疾病の特徴について知識を深めていただき，定年まで元気に働き続けられるためのヒントを得ていただけることを心より願っています。

　また，経営者，人事，労働衛生担当者の皆様が，本書から新しい知識や今までとは違う視点を得ていただき，働く女性がより健康で，のびのびと実力を発揮できる職場の環境を整えていただけましたら幸いです。

　最後に，本書の出版にあたり，出産，子育て，疾病などまさにこの本の働く女性の健康課題に対応しつつ，出版までご尽力いただいた金剛出版編集部の中村奈々氏と浦和由希氏のハードワークとフレンドシップに深くお礼を申し上げます。

2022年1月

レジリエ研究所 所長

市川佳居

［執筆分担一覧］（五十音順）

荒木葉子 （あらき ようこ）
（編著者略歴参照）

第1章～第4章

足立恭子 （あだち きょうこ）
日産自動車健康保険組合 横浜地区健康推進センター 看護師

第13章

市川佳居 （いちかわ かおる）
（編著者略歴参照）

第5章～第10章

宋　裕姫 （そん ゆひ）
日産自動車健康保険組合 横浜地区健康推進センター 産業医

第13章

松田チャップマン与理子 （まつだ ちゃっぷまん よりこ）
桜美林大学 健康福祉学群 教授

第11章

三上京子 （みかみ きょうこ）
アビームコンサルティング株式会社 健康支援室 マネージャー，保健師

第12章

[編著者略歴]

荒木葉子 | あらきようこ

荒木労働衛生コンサルタント事務所 所長。

慶應義塾大学医学部卒業。内科・血液内科専攻。その後，子育てと診療の両立のため，産業医と内科パート医として勤務。基礎研究のためカリフォルニア大学サンフランシスコ校へ留学し，米国で女性医療者・研究者の働き方に触発され，帰国後，女性労働者の健康支援を志す。報知新聞社，NTT東日本首都圏健康管理センタ所長を経て，荒木労働衛生コンサルタント事務所を開設。

東京医科歯科大学女性研究者支援室特任教授（2008～2010年），センコーグループホールディングス株式会社社外取締役。日本産業衛生学会就労女性健康研究会世話人代表として，同学会の提言「働く女性の健康確保を支援するために」に参画。経済産業省「働く女性の健康推進に関する実態調査」監修。その他の活動として，NPO法人性と健康を考える女性専門家の会，NPO法人キャンサーリボンズ（理事），一般財団法人日本女性財団（運営委員）などを務める。

主著：『臨床医が知っておきたい女性の診かたのエッセンス』（編集・医学書院 [2007]），『女性のウェルネス・ガイド（からだの科学増刊）』（編集・日本評論社 [2005]），『働く女性たちのウェルネスブック』（慶應義塾大学出版会 [2004]），『性差医学入門——女と男のよりよい健康と医療のために』（翻訳・じほう [2002]），『女性たちの医療革命』（分担執筆・朝日新聞社 [2002]）など。

市川佳居 | いちかわ かおる

レジリエ研究所株式会社 所長／一般社団法人国際EAP協会日本支部 理事長。

博士（医学）。

EAPの日本国内およびアジア太平洋地域のパイオニア。日本およびアジア地域におけるEAP普及に携わりつつ，働く人のメンタルヘルス，健康経営などの側面からレジリエンスを活用した手法を企業にアドバイスしている。早稲田大学第一文学部を卒業後，米国メリーランド州立大学大学院に留学，米国ソーシャルワークの資格を取得後帰国し，モトローラ社にてEAPの業務に携わる。その後，杏林大学にて医学博士号取得。2002年に株式会社イーブを起業。

学会・教育活動：アジア太平洋地域EAP円卓会議（APEAR）理事長，日本産業精神保健学会（代議員），日本産業ストレス学会（監事），日本ストレス学会（理事）。

非常勤講師：杏林大学，産業医科大学，京都文教大学。東京経営者協会経営労務相談室相談員。

資格：国際EAPコンサルタント（CEAP-I），カリフォルニア州臨床ソーシャルワーカー（LCSW），臨床心理士，公認心理師。

主著：『職場ではぐくむレジリエンス——働き方を変える15のポイント』（共著・金剛出版 [2019]），『Q&Aで学ぶワーク・エンゲイジメント——できる職場のつくりかた』（共著・金剛出版 [2018]），『企業のメンタルヘルスを強化するために——「従業員支援プログラム」（EAP）の活用と実践』（共著・労働調査会 [2011]）など。

働く女性のヘルスケアガイド
おさえておきたいスキルとプラクティス

2022年 4 月 1 日　印刷
2022年 4 月 10 日　発行

編著者 ——— 荒木葉子・市川佳居

発行者 ——— 立石正信
発行所 ——— 株式会社 金剛出版
　　　　　　〒112-0005 東京都文京区水道1-5-16　電話 03 3815-6661　振替 00120-6-34848

装丁◉戸塚泰雄（nu）　本文組版◉伊藤 渉　印刷・製本◉シナノ印刷
ISBN978-4-7724-1852-2 C2034　©2022 Printed in Japan

心理職のための産業保健入門

［編著］＝小山文彦

●A5判 ●並製 ●296頁 ●定価 **3,080** 円
● ISBN978-4-7724-1861-4 C3011

公認心理師，臨床心理士，
精神保健福祉士，カウンセラー必読！
カウンセリングの幅がひろがる！
働く人の健康支援をはじめよう。

職場ではぐくむレジリエンス

働き方を変える 15 のポイント

［編］＝松井知子 市川佳居

●A5判 ●並製 ●244頁 ●定価 **3,300** 円
● ISBN978-4-7724-1678-8 C3011

現代のストレス社会を
生き抜くカギは「レジリエンス」（回復力）！
職場におけるレジリエンス育成の
15 のポイントを解説。

Q&A で学ぶワーク・エンゲイジメント

できる職場のつくりかた

［編集代表］＝島津明人　［編］＝市川佳居 江口尚 大塚泰正
種市康太郎 西 大輔 錦戸典子 原雄二郎 平松利麻

●A5判 ●並製 ●192頁 ●定価 **2,420** 円
● ISBN978-4-7724-1669-6 C3011

働きたくなる職場のつくりかたが
Q&A で今わかる・今できる！
ワーク・エンゲイジメントを高めて
社員が喜ぶ「働き方改革」しませんか？

価格は 10％税込です。